"당신의 팀에 합류하기를 바라는 여성들을 위해 이보다 설명이 더 잘된 네트워크 마케팅 소개서는 없을 것이다. 이 책은 네트워크 마케팅이 왜 그토록 매력 있는 사업인가를 정말 잘 보여주고 있다".

— 우마 오트카, 「업라인 저널」 편집국장

"네트워크 마케팅에서 성공하기 위한 비결을 알고 싶은가? 이 책의 저자들은 여성들이 고유의 능력을 발휘하여 성공할 수 있는 현실적인 제안을 하고 있다. 또한 이 책에 나와 있는 성공한 여성들의 이야기는 여러분들에게 힘을 불어넣어 줄 것이다".

—데비 셸린스키, 「석세스 매거진」 수석 편집장

"안젤라와 리자는 네트워크 마케팅의 여성적인 면을 정말 잘 보여주었다. 지금 막 이 사업에 발을 들여놓은 사람이거나 그것을 고려하고 있는 사람이라면 이 책이 성공으로 이르는 길로 확실하게 이끌어줄 것이다".

—리차드 포, 「제3의 물결」, 「제4의 물결」 저자

"여성들에게 네트워크 마케팅이 제공하는 무한한 기회를 탐색해 볼 수 있도록 도와주는 책이 나온 것을 진심으로 환영한다. 모든 여성들이 이 책을 읽기를 권하며 또한 다른 사람들과도 그 내용을 나누기를 바란다".

— 팻 데이비스 「적극적인 사고의 기적」 저자, 네트워크 마케팅 튜터사 사장

"네트워크 마케팅 재택 사업으로 성공을 꿈꾸는 모든 여성들이 반드시 읽어야 할 책이다. 알찬 정보가 가득하면서도 감동적인 이 책은 값진 경험들의 보고이며 독자들을 성공으로 안내하는 지도이다".

— 더그 클라워드, 클라워드 앤드 어소시에이츠 컨설팅 서비스 사장

여성을 위한 **최고의 비즈니스**

네트워크 마케팅

안젤라 무어, 리자 스트링펠로우 공저 | 최정숙 옮김

Network
Marketing

THE VERY BEST OPPORTUNITY FOR WOMEN : HOW TO GET MORE OUT OF
LIFE THROUGH NETWORK MARKETING

여러분의 세상에 온 것을 환영합니다!

자기 자신에 대해, 또 현대 여성으로 살아간다는 것이 무엇을 의미하는지를 탐구하기 위한 노력에 동참하게 된 것을 환영한다. 함께 자기 발견의 길을 떠나 보자. 직업과 인생에서 어떤 선택을 하느냐에 따라 모든 것이 달라질 수 있다는 것을 이해하는 순간 아, 그랬구나 하는 탄성이 저절로 나올 수도 있을 것이다.

이 책은 모든 여성들을 위한 것이다. 힘든 삶 속에서 부대끼며 탈출구를 찾고 있거나 진정한 자아와 자신의 가능성을 찾고 싶어하는 여성들을 위한 책이다. 여러분은 가족과 더 많은 시간을 보내고 싶어하는 주부일 수도 있다. 탁아소에 맡긴 아이를 데려와 직접 돌보고 싶은 안타까운 엄마일 수도 있다. 출세를 위한 치열한 경쟁 속에서 과로와 차별, 또 엄연히 존재하는 유리 천정의 벽에 지친 기업체 간부일 수도 있다. 주변 사람들과 고립된 채 외로움을 겪는 독신 여성일 수도 있다. 여러분은 성실하고, 지적이며, 배려가 깊은 여성으로 이 세상에서 자기의 자리를 찾고 그 과정을 통해 의미 있고 균형 잡힌 삶을 창조해나가고자 하는 것이다.

우리가 여성임을 축하하자

이 책은 어떤 삶의 과정을 거쳤든 우리가 여성이라는 사실을 축하하기 위한 것이다. 우리는 여성들에게 자기들이 원하는 성공과 더 나은 삶을 달성하기 위해 선택할 수 있는 길을 소개하고자 한다. 또 지극히 여성적인 네트워크 마케팅의 새로운 면모를 보여주는 것도 우리의 목적이다.

자기만의 진정한 목표, 일, 가치관 등을 조화시키기 위해 미국에서는 700만 명 이상의 여성들이 네트워크 마케팅 사업을 선택했다. 여성들은 네트워크 마케팅 업계를 장악하고 있다. 1999년도 직접판매 성장 및 전망 조사에 따르면 현장 판매원 중 73%가 여성이다. 네트워크 마케팅 사업에서는 여성들을 짓누르는 유리 천정을 걱정하지 않아도 된다. 그런 것은 존재하지 않기 때문이다. 대신 인간관계를 장려하는 분위기 속에서 가족들과 함께 지낼 시간을 얻고 다른 여성들과의 결속을 즐길 수 있다. 또 오직 실적에 따라 인정 받고 위로 올라갈 수 있는 세계의 일원이 될 수 있다.

이 책에서 무엇을 배울 것인가?

이 책에서 여러분은 인간관계를 통한 마케팅 방법과 여러분이 이미 매일 사용하고 있는 여성 특유의 기술을 활용하는 법을 배우게 될 것이다. 여러분이 네트워크 마케팅 업계에 대해 품고 있는 의문에 대한 답도 주어질 것이다. 여성들에게 삶의 질을 향상시킬 수 있는 기회를 제공하는 여러 네트워크 마케팅 회사들을 객관적인 입장에서 관찰하게 될 것이다. 네트워크 마케팅 사업에서 이미 성공하여 온갖 혜택을 누리고 있는 여성들로부터 귀중한 조언도 듣게 될 것이다. 어려운 문제들도 있는 그대로 직시하고 네트워크 마케팅 업계가 받고 있는 많은 오해들을 불식시킬 수 있는 사실들을 제시할 것이다.

우리는 여성과 네트워크 마케팅 사이의 특별한 관계와 매력을 조명해봤다. 또 네트워크 마케팅을 통해 자신감을 얻고, 자신의 인생을 변화시키고, 가족, 배우자, 친구, 자녀와의 관계를 개선한 여성들의 실제 이야기를 모아보았다. 네트워크 마케팅은 여성들에게 다양한 선택의 여지를 주었고 돈 버는 것보다 훨씬 더 깊은 인생의 목적을 달성할 수 있게 해줬다. 물론 네트워크 마케팅 사업을 통해 경제적 자유도 얻을 수 있다. 그러나 그보다 더 좋은 선물은 자신의 인생을 더 가치 있는 일에 바칠 수 있는 자유를 얻는 것이다.

여성끼리의 결속

만일 일을 혼자서 하고 있다면 그것은 잘못된 것이다.

이 책을 준비하며 우리는 세상 여성들이 정말 서로 돕고, 기운을 북돋아 주며 살고 있다는 사실을 새삼 절감했다. 이 책은 문자 그대로 공동 작업이며 그 과정에서 우리들의 우정도 깊어졌다. 우리는 한 팀이 되어 서로에게서 배우고 서로 도와주며 함께 울고 웃었다. 결과적으로 우리는 더 나은 사람이 됐으며 우리 우정뿐 아니라 다른 사람들과의 결속도 더 강해지고 좋아졌다. 여자라는 것이 어떤 것인지, 우리가 남자들과 어떻게 다른지에 대해 더 잘 이해하게 되었으며 우리의 세상 보는 눈은 완전히 바뀌었다.

오프라 윈프리는 남자들은 성공을 통해 결속하는 반면 여자들은 고난을 통해 결속한다고 말한 적이 있다. 물론 많은 여성들이 고난에서 벗어난 이후에 네트워크 마케팅에 합류한 것은 사실이지만 아무튼 남의 성공과 승리를 자기 일처럼 축하한다는 것만으로도 신선하다. 이제 이 책에 나오거나 책 발간에 도움을 준 모든 여성들과 유대감을 느낀다면 여러분은 그게 엄청난 힘이 되는 것을 알게 될 것이다.

이 책의 저술을 위하여 많은 여성들과 단독으로 이야기하고 인터뷰를 하는 과정에서 개인적으로도 그들과 특별한 관계를 맺을 수 있었다. 거의 천 여명에 달하는 여성들이 모인 세미나에서 도서 설명회를 가졌을 때 그 곳에 가득찬 에너지는 정말 전류가 흐르는 것 같았다. 연사들을 격려하기 위해 청중들이 보내주는 그 열기는 정말 압도적이었다.

여성정신

네트워크 마케팅은 돈, 지위, 판매하는 물건보다 더 깊은 의미가 있다. 이는 사람들이 꿈을 실현하도록 도와주는 일이다. 여기서 가장 중요한 것은 팀워크으로 여성들이 늘 몸으로 보여주고 실천하며 매력을 느끼는 여성들만의 특성이다. 다시 말해 팀웍은 여성정신의 본질이다. 이제 네트워크 마케팅의 여성정신과 새롭고 더 만족스러운 인생을 탐구하고자 하는 우리의 여정에 여러분도 함께 하기 바란다.

차 례

여성을 위한 **최고의** 비즈니스

네트워크 마케팅

CHAPTER 1

성공한 여성들

출판사가 책 제목을 『여성을 위한 최고의 비스니스 : 네트워크 마케팅』으로 정했다는 말을 처음 들었을 때 우리는 당황했다. 우선 너무 과장된 느낌이 들었고 또 아무도 기억하지 못할 것 같았기 때문이다. 또 감정이 별로 들어 있지 않았고 여성들에게 호소력이 없어 보였다. 우리는 제목을 바꾸기 위해 온갖 노력을 했으나 출판사 입장은 단호했다. 책 제목은 절대 바꿀 수 없다는 것이었다.

그런데 책을 써나가면서 이상한 일이 생겼다. 제목이 점점 더 마음에 드는 것이었다. 조사를 할수록, 네트워크 마케팅 업계를 다른 기존 사업 모델들과 비교해 볼수록, 많이 알게 될수록 결코 과장된 제목이 아니라는 생각이 들었다. 자연스럽게 남들과 네트워크를 형성하고, 직감적이고, 진지하고, 동정심이 있고, 남을 돌보는 등 여성 특유의 성격이 이 사업에서는 가장 큰 자산이라는 것이 엄연한 사실이었던 것이다. 또 네트워크 마케팅 사업은 수많은 여성 백만장자를 만들어냈다. 그뿐 아니라 이 사업에서 많은 엄마들은 삶의 균형을 찾았으며, 여성들은 동등한 기회를 얻었고, 그 동안 한계로 작용했던 여자라는 조건이 오히려 강점이 됐다.

앞으로 읽게 될 성공한 여성들의 이야기도 제목이 적절하다는 것을 재확인해 줄 것이다. 수잔 웨이틀리는 돈도, 대학 졸업장도, 사업 경험도 없는 여성들이 4년 만에 연간 백만 달러의 소득을 올릴 수 있는 사업은 네트워크 마케팅뿐이라고 믿고 있다. 마가렛 다나카는 에이미 상도 수상한 경력이 있는 전직 공영 TV 프로듀서로 아기를 베이비 시터에게 맡기고 직장에 나가는 것이 가슴 아파 이 일을 시작했다가 지금은 이를 통해 생활을 하면서 아들과도 더 많은 시간을 보내고 있다.

흑인 여성인 다이안 채프먼은 네트워크 마케팅이 여성과 소수 민족 출신에게도 공평한 기회를 준다는 점을 높이 사고 있다. 로빈 코헨은 기하급수적인 소득 확대를 누릴 수 있어 네트워크 마케팅 사업에 뛰어들었다. 이는 그녀가 하던 일반 세일즈 일을 통해서는 상상조차 할 수 없는 일이었다. 테레제 래젠티는 네트워크 마케팅의 자유로움을 최대한도로 활용한 경우이다. 그녀는 집에서 아들 여섯을 기르면서도 성공적인 사업을 일구어냈다. 풀타임 직장, 출장이 잦은 남편, 보살펴야 하는 어린 자녀들 사이에서 곡예를 하던 도나 맥도널드는 네트워크 마케팅이야말로 소득은 줄지 않으면서 주부의 과중한 짐을 줄여줄 수 있는 길로 보았다.

여러분은 선배들의 이야기를 통해 교훈을 배우게 될 것이다. 그들은 분명 뛰어난 사람들이다. 그들은 수년 간의 네트워크 마케팅 경험과 지혜를 갖고 있으며 다양한 네트워크 마케팅 회사들을 대표하고 있다. 서로 다른 인생을 살았고 다양한 배경을 갖고 있는 이들 여성들은 네트워크 마케팅 사업에 대한 자기 나름대로의 생각을 나눌 것이다. 이들의 이야기와 지혜를 듣는 것은 엄청난 행운이고 귀중한 기회이다. 열정과 끈기가 얼마나 큰 일을 달성할 수 있는지에 대해 우리는 이미 많이 들었다. 좋은 후원자를 찾고 있다면 아마 이런 여성들이야말로 훌륭한 후보가 될 것이다.

이들 여성들과 그들의 성공에 대해 여러 가지 질문이 있을 것 같아 미리 예상되는 질문에 대해서는 답을 준비해봤다. 또 그 답에 대한 구체적인 증거들은 이들의 이야기 속에서 찾을 수 있을 것이다.

$Q.$ 성공한 여성들은 우리와 다른가?

$A.$ 물론이기도 하고 아니기도 하다. 이야기를 읽다 보면 두 가지 점이 눈에 띌 것이다. 이들 대부분은 우리들이 감히 못했던 일들을 했다. 그렇지만 우리도 모두 할 수 있는 일들이다. 미키 크라울은 아이들이 일어나기 전인 동도 트지 않은 새벽에 일어나 일을 시작하였다. 도나 맥도널드는 새로 이사간 도시에서 자기 집 건축에 관련한 업자들에게 키친 파티 호스트가 되어 줄 것을 부탁했다. 그레이스 듈레이니는 사업이 무너지는데도 신념을 잃지 않았고 그 덕분에 더 발전할 수 있었다.

Q. 누구나 다 처음부터 큰 성과를 올렸나?

A. 바로 성공을 거둔 사람들도 있지만 어렵게 시작한 사람들도 있다. 낸시 조 라이언 같은 경우, 지금은 가장 큰 그룹을 갖고 있지만 처음에는 크리스마스 때 쓸 돈을 구하기 위해 이 일을 시작했다. 태미 핑걸리는 자신이 선택한 새 일을 진정으로 받아들이기 위해 12개월 동안 씨름했다. 케리 버스컥 같은 경우에는 수년간을 지지부진 하다가 본격적으로 일을 시작했다. 베티 마일즈는 처음에 남편이 사업을 절대 못하게 반대했다. 그러나 나중에 자기가 오래 조사를 한 다음에 남편은 그저 찬성하는 정도가 아니라 오히려 격려까지 하게 됐다.

Q. 수입은 정말 어느 정도 올릴 수 있는가?

A. 약간의 예외는 있겠지만 네트워크 마케팅은 금방 부자가 되는 사업은 아니다. 서서히 부자가 되는 사업이다. 미키 크라울이 처음 받은 후원 수당은 2달러 78센트였다. 반면 베티 마일즈 같은 경우에는 이미 보험 사업을 하고 있던 터라 기존 네트워크를 바탕으로 급성장이 가능했다. 사업 시작 4개월 만에 베티의 월 수입은 5천 달러에 달했다.

이 책을 쓰기 위해 우리가 인터뷰한 여성들은 시간을 들여 사업을 키운 사람들이었다. 거의 모든 경우에 전 직장에서와 같은 수입을 올리기까지 최소한 1년은 걸렸으며 그 후 3,4년이 지난 후에는 이전 수입보다 훨씬 높아졌다. 인터뷰한 여성들 중에는 월 8천 달러를 버는 사람도 있었고 3만 달러 이상을 버는 사람도 있었다. 단 이들 모두가 수입액을 밝힌 것은 아니다. 그러나 인터뷰한 여성들은 모두가 시간이 흐르면 네트워크 마케팅 사업 소득이 일반 직장에 다닐 때보다 훨씬 높아지는 것으로 믿고 있었다. 예를 들어 고졸 학력의 카렌 헤이건은 회사에서 받을 수 있는 봉급의 거의 10배를 벌어들이고 있다.

Q. 대학 졸업장이 성공에 영향을 미치는가?

A. 절대 그렇지 않다. 인터뷰한 여성들 모두가 아주 똑똑해 보이기는 했지만 대학교 졸업장이나 심지어 고등학교 졸업장도 성공 요인이 되지는 않는다. 릴리 윌릭 같은 경우는 고등학교 1학년을 마치고 중퇴했지만 그래도 인생 학교에서는 졸업장을 받았다고 여기고 있다. 낸시 조 라이언은 어떤 때는 대학 졸업장이 방해가 된다고 생각하고 있다. 자신이 대졸 학력자였다면 이 사업을 생각하지도 않았을 거라는 것이다.

Q. 성공한 여성들의 공통된 특징은 무엇인가?

A. 성공한 사람들은 남들이 안 하는 일을 한다는 속설을 이들 여성들을 통해 확인할 수 있었다. 대개는 우리도 할 수 있지만 별로 하고 싶어하지 않는 일들이다. 또 이들 여성들은 그것을 끈기 있게 했

다. 다이안 채프먼 말대로 성과를 얻으려면 끝까지 버텨야 한다. 이들은 또 자기 내면의 목소리에 귀를 기울이고 안 된다는 말로 꿈을 깨뜨리는 사람들을 무시할 줄 알았다.

Q. 이 사업에서 가장 힘든 부분은 어떤 것인가?

A. 거의 모든 여성들이 다 "노"라는 말을 극복하는 것이 가장 힘든 부분이라고 말했다. 또 사람들에게 적당하게 해주는 법을 배우는 것도 중요하다고 한다. 그레이스 듈레이니의 말을 빌자면 자기 하위 회원들에 대해 책임감을 가져야 하지만 그렇다고 그 사람들의 책임까지 떠맡아서는 안 된다는 것이다. 또 새로운 모험을 시작할 때 친구와 가족이 반드시 가장 큰 도움이 될 것으로 기대해서는 안 된다고 한다.

Q. 이들은 네트워크 마케팅의 미래를 어떻게 보고 있나?

A. 네트워크 마케팅 사업이 불과 5년 전보다 훨씬 매력적이 된 데는 그만한 이유가 있다. 인터넷이 엄청난 영향을 끼치고 있다. 마거리트 성은 대만, 일본, 유럽, 브라질 등에 국제적인 사업 조직을 갖고 있는데 이는 몇 년 전만해도 불가능한 일이었다. 또 온갖 종류의 전문직 출신 여성들을 계속 유치하게 됨에 따라 네트워크 마케팅 업계의 긍지가 높아지고 있다. 이들 여성들은 모두 네트워크 마케팅의 미래를 밝게 보고 있으며 자신도 그 일부가 되기를 갈망하고 있다.

Q. 그러면 어떻게 시작해야 될까?

A. 네트워크 마케팅에 대해 구할 수 있는 것은 다 구해 읽도록 하라. 업계 잡지도 구독하는 것이 좋다. 친구나 가족들로부터 듣는 부정적 이야기를 극복해야 한다. 많은 여성들이 가장 친한 친구들이 제일 힘든 고객이었다고 고백했다. "노"라는 대답에 익숙해지고 그 말에 너무 기분 상하지 말아야 한다. 자신이 그리는 미래상을 구체적으로 적어 자주 들여다 보라. 일은 매일 하는 것이 좋다. 일하는 시간은 융통성 있게 할 수 있지만 그렇다고 멋대로 할 수 있는 것은 아니다. 업계에서 성공한 사람들과 사귀는 것이 좋다. 그리고 늘 긍정적 태도를 가져야 한다.

이제 성공한 여성들을 만나서 그들의 멋진 이야기를 들어보자.

사선에 서서 용기를 얻다

이름: 마가렛 다나카
취급 제품: 영양제, 정수기, 건강 및 다이어트 제품 등
사업 경력: 10년
성취 내용: 집에서 성공적인 사업 구축. 아들과 더 많은 시간을 보낼 수 있게 됐다. 하이티 식량 프로그램 등 의미 있는 사회사업에 자원봉사하고 있다.

잘 모르면 마가렛 다나카는 쉽게 성공했다고 생각할 수도 있다. 마가렛은 친절하고, 매력 있고, 똑똑하며 학력도 높다. 그녀는 펜 스테이트 대학의 커뮤니케이션 학과를 우등으로 졸업했으며 위스콘신 대학에서 저널리즘 석사 학위도 받았다. 그러나 마가렛의 성공은 힘들게 얻어낸 것이다. 네트워크 마케팅 사업을 시작한 후 그녀는 3년 동안 고전을 면치 못했다. "노"라는 대답에 상처를 입었고 사업을 잘 이해하지도 못했다. 그러다가 마가렛은 절벽에 몰린 심정으로 직장을 그만두고 네트워크 마케팅에 전적으로 매달리기로 결심했으며 그 순간부터 앞만 보고 나아갔다.

마가렛은 아들을 출산한 후에 다시 직장 일을 하는 것이 힘들 것이라는 사실은 어느 정도 짐작했었다. 그래도 자기가 회사 화장실 세면대에서 젖을 짜내고, 몰래 시계나 들여다보고, 상사를 설득하여 풀타임 일을 주 3일 근무로 맞추기 위해 전전긍긍하게 될 것까지는 미처 상상을 못했다. 석사 학위도 있고 성공적인 인생을 살았던 여자가 그렇게 살 수

는 없는 일이라고 그녀는 생각했다. 정말 절박해서야 두려움을 극복하고 사업에 전념할 결심을 할 수 있었다고 마가렛은 말한다.

마가렛은 이미 3년 전에 회원으로 등록했지만 거절 당하는 데 대한 공포로 사업은 지지부진한 상태였다. 열심히 할 수 없었지만 그래도 마음 속에서는 그게 자신을 위해 맞는 일이라는 것을 알았기 때문에 그만둘 수도 없었다. 제품은 훌륭했고 시간도 자유로웠으며 사업 가능성도 무한대인 것처럼 보였다. 그러나 마가렛은 자신이 뭔가를 판다는 것을 상상할 수가 없었다. 자기 가족들은 목사, 교사 등 늘 남을 돕는 직업을 갖고 있었고 물건을 파는 일은 뭔가 남에게 강요하는 일처럼 느껴졌다. 초기에는 거절 당하는 것이 두려워 너무 좋은 기회마저도 그냥 지나쳤다고 한다.

"아들 류크를 임신해서 분만 준비 교실에 다닐 때였습니다. 함께 다니던 여자가 하루는 자기가 먹는 임신부용 비타민이 너무 싫다며 사람들에게 아는 게 있으면 추천해 달라고 부탁을 하더군요. 나는 내가 소개하는 제품이 임신한 여자들에게 정말 좋다는 것을 너무 잘 알고 있었지요. 그런데도 내가 그것을 소개하는 사람이라는 사실을 밝히는 것이 두려워 아무 말도 안하고 있었습니다. 내가 내 일을 방해한 거지요!"

마가렛은 이제는 그 때를 회상하며 웃을 여유가 있다. 사업 시작 후 7년이 지난 뒤에 사업 수입은 여섯 자리 숫자에 도달했다. 또 마가렛은 다른 여성들도 그 정도 수입을 올리도록 도와주고 있었다. 자신이 꿈을 갖게 된 것이 성공의 열쇠가 됐다고 그녀는 말한다. 그녀의 꿈은 아이와 함께 지낼 수 있는 시간, 경제적 여유를 누리며 동시에 지구 보호를 위해서도 뭔가 기여하고 싶은 엄마들과 네트워크를 구성해 함께 일하는 것이었다. 세일즈를 남들에 대한 봉사로 보기 시작하자 모든 두려움이 사라졌다고 마가렛은 말한다.

그녀에게 그것이 쉬웠을까? 그렇기도 하고 아니기도 했다. 마가렛이 꼭 확인하고 싶었던 것 중에는 네트워크 마케팅의 도덕성도 있었다. 사업을 시작하고 그녀는 네트워크 마케팅에 대한 나쁜 이야기들을 수도 없이 들었다. 농장이나 평생 저축한 돈을 잃고, 우정도 잃었다는 등의 이야기였다. 그녀는 네트워크 마케팅에 대해 모든 진실을 알고 싶었다. 그래서 네트워크 관련 서적과 잡지를 읽고 배웠다. 신기한 것은 그런 겁나는 이야기들에 대해 대응하는 방법을 배우고 나자 더 이상 물어오는 사람들이 없었다는 것이다.

마가렛은 또 회사의 환경친화적 제품, 양심적인 제품소개 방식 등에 대해서도 조사한 후에 회사가 윤리적인 기업임을 이해하게 됐고 그 덕분에 그룹 리더가 된 것을 자랑스럽고 기쁘게 여길 수 있었다. 그녀는 네트워크 마케팅 사업을 고려 중인 사람들은 누구든지 회사의 도덕성에 대해 확인해 봐야 한다고 충고한다. 그렇지 않으면 자기가 하는 사업을 존중할 수가 없다는 것이다.

마가렛이 마침내 마음을 정한 것은 1993년 7월이었다. 당시 마가렛은 낮에 파트 타임으로 하는 일 외에도 남편이 아들을 돌볼 수 있는 날에는 저녁 시간에 다른 부업을 두 가지나 하고 있었다. 회사를 그만두는 시기를 1994년 1월 31일로 결정하고 나자 마가렛은 오히려 용기가 났다. 비록 네트워크 마케팅에서 버는 돈이 아직 얼마 되지 않았지만 마가렛은 그 때까지는 간부 수준까지 올라간다는 계획을 세웠다.

1993년 9월 마가렛은 마침내 간부직으로 올라갔다. 그러나 원래 계획대로 다음 해 1월까지는 직장을 그대로 다녔다. 자신의 꿈이 남들에게도 도움을 준다는 것을 알게 되자 그녀는 정말 힘이 났다. 갑자기 자신의 일은 더 이상 자신과 아들만을 위한 것이 아니라는 생각이 들었다. 자녀와 집에 있고 싶은 모든 여성들에게 시간을 선물하고 모든 엄마들에게 환경친화적 제품을 사용하고 팔도록 돕는 일이었다. 그러자 다른 엄마들에게도 제품에 대해 쉽게 이야기할 수 있었다. 또 더 큰 꿈이 있었기에 사람들에게서 "노"라는 대답을 들어도 더 이상 크게 상심하지 않았다. 그러자 "예스"라는 대답이 점점 많아졌다.

마가렛은 자기 계발을 위한 테이프를 듣기 시작한 다음 처음으로 희망을 느꼈다. 자신이 전에는 기회나 선택의 여지가 거의 없는 듯한 무력감에 빠져 있었다는 사실을 깨달았다. 그녀는 스스로 선택권이 있다는 것을 믿게 만들었다. 머리 속에서 모든 부정적인 생각을 몰아냈다. 매일 하루에 두 번씩 긍정하는 내용의 다짐을 적어봤다. 현실감 나게 하기 위해 현재 시제를 쓰는 것이 중요했으므로 마가렛은 이렇게 적었다.

"나는 회사 간부이다. 나는 3천 달러 정도의 매출은 쉽게 올린다. 나는 실적도 올리고 회원도 유치한다. 나는 열심히 사업을 키우고 있는 사람 3명과 함께 일한다. 나는 자신감을 발산한다."

그녀는 그런 다짐하는 글들을 적었을 뿐 아니라 아기와 자신에게 소리 내 말하기도 했다. 사업을 혁신하려면 자기 태도부터 바꿔야 했기 때문이다. 자신의 두려움과 머리 속의 '쓰레기'들을 없애지 않으면 그런 기회가 오지 않는다는 것을 알았기 때문이다. 그러자 마침내 뜻대로 할 수 있었으며 사업이 발전하기 시작했다.

마가렛의 남편 리치는 그녀의 열의와 사업 계획에 감탄했다. 엄마들이 아이들과 시간을 함께 보내게 만들겠다는 그녀의 꿈에 찬사를 보냈을 뿐 아니라 자신도 아들과 함께 지낼 시간을 갖고 싶어 했다. 마가렛의 사업 성공 덕분에 리치도 그런 기회를 가질 수 있었다. 1994년 5월 마가렛의 수입이 안정되고 충분해지자 리치는 풀타임 TV 관련 일을 그만두고 프리랜서 TV 기술자가 됐다. 시간이 좀 자유로워진 리치는 1997년부터 TV 관련 일을 줄이고 자기 시간의 25퍼센트를 사업에 할애했다. 그러나 좋은 일만 있지는 않았다. 1997년 9월 8일 마가렛과 함께 사업 파티에 참석하고 있던 중 리치는 치명적인 천식 발작을 겪었다. 천식인 것은 이미 알고 있었고 비상용 천식 흡입제를 항상 갖고 다니기는 했지만 그 전에는 병원에 갈 정도로 심한 발작을 일으킨 적이 없었다. 비극은 이들 부부가 가장 행복한 시기에 찾아왔다. 사업은 안정 단계에 접어들었고, 이들 부부는 메디슨에서 많은 친구들을 갖고 있었다. 아들 류크는 행복한 5살짜리 소년으로 자라 있었으며 이들 부부는 1, 2년 안에 둘째 아이를 가질 계획이었다. 응급처치반의 도움에도 불구하고 리치의 생명을 구할 수는 없었다. 당시 리치의 나이는 겨우 서른 여섯 살이었다.

마가렛은 서른 네 살에 졸지에 혼자가 됐다.

"내 인생은 온통 뒤죽박죽이 됐습니다. 그런 일은 전혀 예상하지 못했으니까요. 리치는 아픈 적도 없었어요. 나는 너무 큰 충격을 받았고 슬픔을 이겨내고 기운을 차리기 위한 시간이 필요했습니다. 아들을 데리고 여행도 하고, 가족들도 만나고, 바다나 산 같은 곳에서 지내고 싶었습니다. 자연, 가족, 믿음만이 기력을 되찾게 해줬지요. 그 때 마음의 상처를 치료하며 내 길을 찾고 있을 때 회원으로 있는 여자분들이 내게 도움이 됐습니다."

"회원들을 모아놓고 사업과 인생에 대한 제 철학을 설명했습니다. 거위 떼가 날아갈 때 V자 대형을 이루고 가는 것 아세요? 맨 앞의 거위는 다른 거위들을 위해 바람막이 노릇을 하는 겁니다. 다른 거위들이 더 쉽게 날 수 있게 하기 위해서지요. 나는 내가 그 맨 앞에 있던 거위였는데 이제 얼마 동안 뒷자리에서 날아야 하니 다른 사람들이 앞장서 달라고 부탁했지요. 몇 개월만 달라고 부탁했습니다. 계속 일들을 하고 저는 쉬게 해 달라고요. 물론 그 분들은 그렇게 했습니다. 우리 그룹은 저 없이도 계속 미팅을 갖고 목표 달성을 위해 일했습니다. 저는 그 기간 내내 수입이 있었지요."

1년 안에 마가렛은 복귀했고 자신에게 그토록 큰 도움을 준 여성들을 위해 한층 더 헌신할 준비가 돼 있었다. TV 방송에서 일한 경력이 있으므로 그녀가 다나카 프로덕션이라는 제작사를 설립한 것은 오히려 당연한 일일수도 있다. 마가렛은 자기 그룹의 회원들을 위해 개인적 성장을 담은 테이프와 비디오를 제작하고 있으며 개인적, 경제적 성공을 얻는 법에 대한 세미나와 강의도 시작했다.

남편이 죽고 난 뒤 1년 후에 마가렛은 또 한 번 일생일대의 결정을 했다. 그녀는 형제들 근처에서 살고 싶었고 아들 류크도 이모, 삼촌, 사촌들 곁에서 사는 것이 필요할 것 같았다. 그래서 그녀는 캘리포니아로 이사하기로 결정했는데 사업 덕분에 쉽게 할 수 있었다. 새 직장을 구할필요가 없었고 조직을 돌보기만 하면 됐다. 그녀는 메디슨과 시카고에있는 좋은 친구들과 여전히 가깝게 지내고 있다. 마가렛은 지금 1 주일

마가렛 다나카에게서 배우는 네트워크 마케팅 지혜

- **인내하라.** 누구나 나름대로의 시간표와 배워야 할 것들이 있다. 사업을 할 당사자가 원하는 수준 이상으로 욕심을 부려서는 안 된다. 많은 사람들에게 이야기 하다보면 준비된 사람들은 자진해 나올 것이다.

- **스스로에게 계속 동기를 부여하라.** 나는 자기 계발 프로그램을 계속하고 자신이 성취한 목표를 구체적으로 그려봄으로써 자신에게 끊임없이 동기를 부여하는 것을 찬성하는 사람이다.

- **무슨 일이 있더라도 긍정적인 태도를 지키라.** 모든 경험에서 다 숨겨진선물을 찾아보라. 도전은 항상 성장하고 배울 기회를 준다.

에 3일, 아들이 학교에 가 있는 동안에 5시간씩 일하고 있다. 그녀는 한 달에 한 번씩 사람들에게 '마가렛의 메시지'라는 테이프를 발송하고 있다. 마가렛은 자기가 조직적이라 짧은 시간에 많은 일을 할 수 있다고 말한다.

"지금 되돌아 보면 내가 다른 엄마들과 지구를 위해 봉사해야겠다고 생각하자 사업이 풀린 것 같습니다. 남에게 봉사할 수 있는 그 기회가 기쁠 때나 힘들 때나 저를 지켜 준 것입니다."

그래서 마가렛은 자기 부모님과 마찬가지로 결국 남을 돕는 일을 하게 됐다. 네트워크 마케팅 사업이야말로 더 좋은 세상을 만드는 일인 것이다.

CHAPTER 2

해피엔딩의 시작

남은 여생을 "가족, 친구 등 내게 귀중한 사람들을 위해 좀 더 많은 시간을 쓸걸…. 남들을 위해 좀 더 많은 일을 할걸…." 등의 후회로 보내고 싶은 사람들은 별로 없을 것이다. 많은 여성들처럼 여러분도 이미 그런 생각을 하기 시작했다면 이제 자신의 현재 위치와 앞으로 나아가고자 하는 목표에 대해 재검토할 시점에 와 있다는 의미이다. 그 다음에는 당신의 목표를 향해 새로운 진로를 설계하면 된다.

무엇이 되고 싶은가?

현재의 삶을 생각해보라. 아침에 일어날 시간이 기다려지는가? 즐거운 마음으로 직장에 가고 있는가? 자신, 가족, 지역사회를 위한 활동을 즐길 만한 에너지가 충분히 있는가? 아니면 일이 지겨워지고 '정말 원하는 일'을 즐길 수 있는 시간을 갈망하고 있는가? 어쩌면 마가렛 다나카와 같은 심정일 수도 있다. 어느 날 아침 출근하기 위해 차고에서 차를 빼다가 그녀는 거실 창문을 통해 베이비 시터의 팔에 안겨 있는 자신의 갓난아기를 보았다. 그들은 엄마에게 손을 흔들고 있었다. 그 모습이 가슴을 찔렀다고 마가렛은 회상한다. 바로 그 순간 그녀는 직장의 틀에서 벗어나 아기에게 돌아가는 것을 자신의 최우선 목표로 삼았다.

아니면 마거리트 성의 경우에 더 가까울 수도 있겠다. 유에스 에어웨이즈의 항공기 이착륙을 통제하는 부서에서 12명의 직원들을 관리하는 책임자였던 마거리트에게 하루는 부동산 일을 하는 친구가 꿈에 그리던 집을 보여줬다. 그 집은 모든 게 컸지만 특히 갚아야 하는 주택융자 할부금 액수는 엄청났다. 그래도 그 집이 마음에 들었고 그래서 그녀는 그 집을 살 방법을 찾기로 결심했다.

로빈 코헨의 경우는 어떤가? 그녀는 '완벽한' 수준의 급여를 주는 전통 판매직에 종사하고 있었다. 여기서 완벽하다는 것은 급여 수준이 직장을 그만둘 정도로 형편 없지는 않은 동시에 언제까지고 이직할 여유가 없는 수준에 머물렀다는 의미이다. 바로 그 때 이미 오래 전에 한 일에 대해서까지 계속 보수를 받을 수 있다는 것이 말할 수 없이 매력적으로 느껴졌다고 그녀는 회고했다.

여러분도 비슷한 생각을 갖고 있고 직업을 바꾸고 싶지만 자신이 하고 싶은 대로 하다가는 안정된 생활을 할 수 없을 것으로 염려하고 있을 수도 있다. 그래서 많은 여성들이 그렇듯이 여러분도 자신에게 진정으로 중요한 것을 희생하면서까지 틀림 없고 예측가능한 봉급 생활을 선택하고 있는 것이다. "아무 것도 못 얻더라도 뭔가를 하는 것이 아무 것도 안 한 채 뭘 거저 얻는 것보다 낫다."는 말도 있지만 실제로는 어떤 일을 하고 또 이를 통해 생활을 해결하는 것이 정말 가능하다는 사실을 알아야 한다.

많은 여성들이 자기들의 특기과 신념을 펼치는 일을 직업으로 삼아 실제로 이를 달성했다. 이들 여성들은 네트워크 마케팅과 직접 판매를 통해 일상생활의 스케줄을 방해 받지 않으면서 자기가 신뢰하는 상품을 가족, 친지, 직장 동료들에게 공급하고 있다. 이들이야말로 "좋아하는 일을 하라, 그러면 돈은 따라올 것이다."라는 속담을 몸소 실천하는 사람들이다.

오프라 윈프리는 《오프라 매거진》 2000년 9월호에서 "인생이 좀더 보람 있기를 바란다면 사고방식을 바꿔 한다."고 말했다. 어쩌면 바로 지금이야말로 여러분들이 자신의 사고방식을 재검토할 시점일 수도 있다. 이 장과 다음 장에서 소개하는 네트워크 마케팅과 직접 판매에 대해 읽고 나면 여러분은 네트워킹 마케팅이 자신이 가치 있게 여기는 것을 지키며 동시에 성공할 수 있는 진로인지를 고려해 볼 수 있을 것이다. 네트워크 마케팅에 대해서는 전혀 생각해 본 적이 없고 심지어 이를 다소 하대했다 하더라도 이를 통해 인생이 바뀐 다른 여성들의 경험담을 듣고 나면 자신도 그렇게 될 수 있다는 것을 알게 될 것이다.

네트워크 마케팅이란 무엇인가?

이 책에서는 네트워크 마케팅과 직접 판매를 같은 의미로 사용하고 있으며 이는 회사들이 디스트리뷰터를 통해 상품을 공급하는 것을 말한다. 이들은 개인적으로 혹은 일이나 사회활동을 통해 알게 된 사람들에게 상품을 소개하게 되는데 이 부문에서 활동하고 있는 사람 중 73퍼센트가 여성이다. 또 제품의 소개 형태로는 다음과 같은 것들이 있다.

- 1대1 개인 소개
- 파티, 제품 시범회, 단체 구매 등을 통한 소개
- 전화나 인테넷을 통한 소개
- 네트워크 마케팅 조직 가입 회원들에 대한 회사측의 직접 소개

자기가 좋아하는 것을 남들에게 권하는 것은 여성들에게는 지극히 자연스러운 일로 실제로 여성들은 보수를 받지 않고도 늘 그런 일을 하고 있다. 현재 건강보조식품 사업자인 수잔 웨이틀리는 이렇게 설명한다. "네트워크 마케팅에 대해 여성들이 알아야 할 가장 중요한 점은 자신들이 이미 매일 이 일을 하고 있으며 단지 그에 대한 보수를 받지 않고 있을 뿐이라는 사실입니다. 가령 좋은 영화를 봐도 친구에게 권하고 또 좋은 드라이 크리닝 가게를 알게 되도 친구들에게 알려주게 되는데, 친구에게 그런 말을 해주는 대가로 보수를 받는 것이 바로 네트워크 마케팅인 거지요!"

많은 사람들이 일상생활에서 개인적으로 유대관계를 맺고 있는 사람들의 숫자를 인식하지 못하고 있는데 바로 이 인간관계 덕분에 여성들은 네트워크 마케팅 회사에서 환영을 받게 된다. 또 그에 대한 대가로 회사들은 여성들에게 안정된 수입과 함께 소속감, 자기 계발, 인정, 승진 등을 누릴 기회를 제공하는 것이다.

네트워크 마케팅이 매력 있는 것은 여성들은 천성적으로 남들을 돌보는 사람들인데 그냥 자연스럽게 하는 그 일에 대해 보수를 받을 수 있다는 점이라고 웨이틀리는 말한다. 또 여자가 남자와 동등한 보수를 받을 수 있는 유일한 분야이기도 하고 재미까지 있다는 것이다.

물론 네트워크 마케팅에서 성공한 남자들도 알고 있고 충분히 존경하고 있지만 이 책은 특별히 여성들을 위한 것이다. 여성이 속성상 성공할 가능성이 더 높다는 이유뿐 아니라 네트워크 마케팅 일이 직장 여성들이 직면하고 있는 여러 가지 딜레마에 대한 해결책이 될 수 있기 때문이다. 이는 현실적으로도 여성들에게 매력적인 일이다.

어떤 사람들이 네트워크 마케팅에 끌리는가?

다양한 배경과 연령층의 여성들이 네트워크 마케팅과 직접 판매 사업에 매력을 느끼고 있으며 그 이유 또한 그들의 배경만큼이나 각양각색이다. 파트타임 혹은 풀타임 직업으로 이를 택해 성공한 여성들에 대해 앞으로 소개하겠지만 이들 중에는 웨이트레스, 가정주부, 전직 자영업자, 교사, 기업체 간부, 정년퇴직자 등 각계 각층이 포함돼 있다.

무엇이 네트워크 마케팅의 매력인가?

무엇이 오늘날 여성들을 직접판매업계로 끌어들이고 있는가? 그 이유는 네트워크 마케팅에 뛰어든 여성들의 인생과 과거 만큼이나 다양하다. 어떤 이들은 그냥 네트워크 마케팅의 '마력'에 매혹됐는데 레스토랑의 웨이트레스였다가 지금은 화장품 회사의 전국 판매담당 이사인 케리 린 버스컥이 그런 경우이다. 케리는 자신의 후원자가 된 베티 웨터몬에게서 처음 눈에 띈 것은 그녀의 '생기'였다고 말한다. 당시 베티는 케리가 일했던 레스토랑의 캐시어로 그 곳에서 느낄수 밖에 없는 욕구불만 같은 것을 모를 리 없었으므로 그녀가 그렇게 생기가 넘치는 것이 자신들의 일터인 레스토랑이 좋아서 그런 것은 아닐 터였다. 레스토랑 직원들은 아주 성실하고 열심히 일했으나 그래도 주인은 항상 직원들의 사기보다는 이익에 더 신경을 썼다. 어느 날 케리는 베티에게 레스토랑을 그만두고 네트워크 마케팅을 한 번 해볼 계획이라고 털어 놨는데 바로 그것이 케리에게 새로운 인생을 열어 주었다. 베티는 자신이 회원으로 있는 회사를 소개했고 바로 네트워크 마케팅 회원 가입을 위한 인터뷰 약속을 잡아줬다.

케리는 그 후 알게 된 회사의 모든 것이 다 마음에 들었다고 말한다. 그녀는 "박사라고 해서 꼭 제일 똑똑한 사람들이 되는 것이 아니라 학교에 더 오래 남아있는 사람들이 되는 것"이라며 자신의 꿈을 지킨 것에 대해 자랑스러워 한다. 또 네트워크 마케팅을 고려중이라면 마케팅 플랜에 대한 이해가 없고 세일즈에 대해 두려움을 갖고 있는 외부 사람들에게서 조언을 구하는 것은 바람직하지 않다며 성공하자면 어느 정도 위험을 감수할 줄 아는 것이 필요하다고 충고한다.

케리가 베티에게서 느꼈던 그 '생기'는 네트워크 마케팅 업계에 있는 여성들에게서 흔히 느낄 수 있는 분위기이다. 또 실질적인 매력들도 만만치 않은데 이 분야 여성들에게 네트워크 마케팅에 이끌린 동기를 묻자 다음과 같은 이유들을 들었다.

- 인간관계를 중시하는 직업을 갖고 싶은 마음
- 기업 세계에 대한 환멸
- 새로운 분야에서 새로운 기능을 익히고 자신의 가능성을 개발하고자 하는 욕망
- 기회가 제한된 소도시에서 경력과 소득 확대

더 구체적으로 설명하자면 여성들이 네트워크 마케팅에 관심을 갖고 성공하게 되는 데는 '부정적' 요인과 '긍정적' 요인이 둘 다 작용한다. 부정적 요소들은 여성들로 하여금 아직도 최고위직은 남자들이 독차지하고 있는 기업 세계에서 벗어나고 싶게 만들고 있으며 긍정적 요소들은 이들을 네트워크 마케팅 부문으로 뛰어들게 하는 것들이다.

《기존 직장을 떠나게 만드는 부정적 요인》

• 낮은 자긍심

• 자유가 없음

• 가족을 위한 시간 부족

• 성 차별

• 급여 차별

• 전문적 경험 기회 부족

《네트워크 마케팅의 긍정적 요인》

• 높은 자긍심

• 더 많은 자유 (파트타임)

• 가족을 위한 더 많은 시간

• 자신을 위한 더 많은 시간

• 경제적 안정성의 증가

• 여행 기회

• 여러 가지 기능 습득 및 활용 기회

• 시간활용 및 근무조건의 신축성

• 많은 보상과 인정

이와 같은 긍정적 요소들은 네트워크 마케팅 업계에 있는 여성들이 자신의 일을 긍정적으로 느끼게 해 준다. 또 여성들은 골치 아픈 직원 관리, 재고 보관을 위한 창고, 주문 처리를 위한 사무실, 엄청난 초기 투자 등이 없어도 자신의 사업체를 가질 수 있게 된다. 또 자기의 개인 생활과 일을 연결시키고 자기 시간을 조절할 수 있으므로 가족, 교육, 여가 활동들에 더 많은 시간을 할애할 수 있다. 공정한 보수와 더불어 경제적 성공, 인세 수입, 승진에 대한 기회 또한 무시할 수 없는 긍정적 요소이다. 업계의 전문가들은 막강한 긍정적 요소들 덕분에 네트워크 마케팅 부문으로의 유입 현상이 지속될 것이라고 내다봤다. 기술이 더 발달할수록 사람들은 더 인간적인 손길을 지닌 지닌 서비스를 추구하기 때문이라는 것이다.

일과 인간관계

여성들은 인간관계를 형성하고 유지하는 능력이 가장 중요하고 자신들의 재능, 기능, 인격 등 비공식 '자격증' 들이 역할을 할 수 있는 분야에서 일하기를 원한다. 여성들이 네트워크 마케팅 분야에서 성공하고 이를 지배하게 된 이유 중 한 가지는 많은 여성들이 '인간관계를 통한 판매' 가 한 부분을 차지하는 비즈니스 모델을 좋아하고 또 그 곳에서 능력을 잘 발휘할 수 있기 때문이다. 이는 자기 자신을 세일즈하는 것에 초점을 맞춘 방식으로 이를 통해 남들에게 제품을 추천하고 충실한 단골 고객을 확보하게 된다. 자기가 발견한 좋은 제품을 친구들에게도 알려 주는 추천 방식을 여성들이 고안해 냈다고는 말할 수 없지만 이를 사용하고 있는 것만은 틀림이 없다. 자기가 보고 좋다고 느끼는 영화나 책을 추천하든, 흐르지 않는 마스카라 제품이나 연비가 높은 자동차를 친구들에게 알려 주는 것이든 이는 모두 사실은 자신의 생각과 경험을 파는 것이다. 여성들은 또 사회를 창조해나가는 사람들로 모든 가족 행사를 챙기고 자모회로부터 지역사회 사업에 이르기까지 온갖 일에 나서 자원봉사를 하고 있다. 페이스 팝콘은 자신의 저서 『이브올루션』 (EVEolution : 진화(evolution)에서 나온 조어로 여성(이브)에 의한 발전을 의미 – 편집자주)에서 이렇게 말한다. "여성들이 참여하는 이 모든 모임들은 사람들을 만나고, 관계를 형성하고, 비슷한 생각을 가진 사람들을 발견하게 되는 도구 역할을 하기도 한다. 여성들이 남들과의 공통점을 찾아내고 사람들을 분열시키는 차이점보다는 결속시키는 유대감을 발견하는 재주를 갖고 있다는 것은 모두가 아는 사실이다."

인간관계는 네트워크 마케팅의 핵심이다. 여러분이 교류하고 있는 주위 사람들은 이미 좋은 관계를 맺고 있는 사람들이므로 이제 좋은 제품과 경제적 보상이 따르는 사업에 참여할 수 있는 기회를 이들과 나누기만 하면 되는 것이다.

네트워크 마케팅에서는 다른 사람을 지도하고 이끌어 줄 수 있는 기회가 있다는 것도 매력적이다. 이 분야의 많은 여성들은 신규 가입 회원의 지도자가 되어 이들이 기능을 익히고 생활을 향상시킬 수 있도록 도와주고 있다. 그러나 무엇보다도 확실한 보람은 경제적인 것이다. 마거리트 성은 네트워크 마케팅을 통해 자신이 20명 이상의 백만장자를 배출했다며 "친구들에게 이보다 더 훌륭한 선물이 어디 있겠느냐?"고 반문한다.

일과 가정

여성들이 네트워크 마케팅에 이끌리는 또 다른 이유는 균형 잡힌 생활을 할 수 있기 때문이다. 늘 개인 생활을 일에 맞추는 대신 일을 개인 생활에 맞춰 조정할 수가 있게 되어 일 – 가족 – 자신 사이에서 끊임 없이 벌이던 곡예를 그만두고 좀 더 완전한 생활을 시작할 수 있는 것이다.

미키 크라울의 경우가 그 전형적인 예라 할 수 있다. 두 딸은 각기 다른 대학에 다니고 있는데 각자 자기 학교 농구팀과 테니스 팀 소속 선수이다. 그녀는 딸들이 나가는 모든 경기에 참석하고서도 자신의 일은 일대로 할 수 있다고 강조한다. 또 따로 윗사람이 없고 다른 사람들의 사업뿐 아니라 자신감을 키우는 일까지 도와줄 수 있는 것이 마음에 든다고 한다.

마거리트 성도 일체 다른 사람의 허락이 필요 없고 언제 어디서든 자신이 원하는 대로 일할 수 있으므로 네트워킹 마케팅이야말로 여성에게 적격이라고 동감을 표시한다.

이러한 균형 잡힌 생활은 자녀 양육을 끝내고 일반 직장에서 은퇴한 후에도 이어진다. 최근 직장에서 퇴직한 테레시타 라이카난은 네트워크 마케팅 덕분에 생활의 균형을 유지하고 특히 은퇴한 후에도 건강한 정신 상태를 지킬 수 있다고 말한다.

경제적으로 독립할 수 있는 기회

많은 여성들이 자신의 선택에 따라 혹은 배우자 사망이나 이혼 등으로 스스로 생활을 꾸려나가게 되면서 여성들에게 경제적 독립이 점점 더 중요한 문제가 되고 있다. 네트워크 마케팅은 이런 여성들에게 경제적 독립도 얻고 동시에 가족과 시간을 함께 보낼 수 있게 해 준다. 미키 크라울은 "네트워크 마케팅이 자유와 소득을 동시에 제공하는 것"이 마음에 든다며 덕분에 자기의 두 딸은 사립대학에 다니고 새 차를 사는 호사도 누릴 수 있다고 말한다.

가족과 귀중한 시간을 갖고 싶어하는 모든 여성들에게 자기 사업은 매력적이지만 지원 체제 없이 단독으로 뛰어들 경우 경제적 위험을 수반할 수 있다. 자금 부족, 경영 미숙, 컴퓨터 시스템 문제, 별 매력이 없는 제품 등 갖가지 문제로 대부분 사업들이 실패를 겪고 있다. 그러나 네트워크 마케팅 경우에는 사업 시작 비용이 크지 않기 때문에 그런 경제적 위험이 없어진다.

네트워크 마케팅 계에서는 여성들이 하루 밤 사이에 사업주가 될 수 있다. 이들은 제품 생산, 판매 절차 개발, 직원 고용, 비싼 컴퓨터 시스템 구매 등의 복잡한 과정이 없이 자기 집에서 사업을 시작할 수 있는 것이다. 이미 수백 개의 네트워크 마케팅 회사들이 다양한 상품과 서비스를 판매하고 있으므로 충분한 조사를 통해 자신이 관심이 있고 좋고 믿을 만한 상품과 시스템을 갖춘 회사를 고르기만 하면 된다. 많은 네트워크 마케팅 회사들은 대규모 연구개발부를 갖추고 있으며 주문 처리,

판매, 수당 지급 등을 위해 컴퓨터 시스템에 이미 수백만 달러를 투자했다. 자기 사업을 원하는 이들에게 이 정도 기회를 제공하는 회사나 업종이 어디에 있겠는가?

새로운 기능의 습득

새로운 기능의 습득 기회도 많은 여성들을 네트워크 마케팅으로 뛰어들게 하는 요소이다. 직접 판매 회사들은 대개 자기 향상이나 개발을 위한 프로그램들을 제공하고 있으며 이는 재미있을 뿐 아니라 이를 통해 소득도 더 올릴 수 있다.

혼자서 10대인 딸을 기르고 있었던 셰릴은 대학 학력을 지녔으나 새로운 분야에서 자신의 기능을 개발하고 싶었다. 상냥하고 다정한 성품의 셰릴은 남들을 돕는 일을 하고 싶다는 진지한 소망을 갖고 있었으므로 경제적 독립을 원하는 다른 여성들을 돕기 위해 네트워크 마케팅 업계로 진출했다.

셰릴은 네트워크 마케팅 회사에 들어가면 자신이 지니고 있던 업무 능력들을 더욱 발전시킬 수 있으리라는 것을 알고 있었다. 실제로 그녀는 그 곳에서 특별 교육도 받고, 공부를 해 자격증도 얻고 회원 모집과 그룹관리에 대한 기술도 향상시킬 수 있었다. 그녀가 소속돼 있는 달라스 지역 그룹은 2000년 여름 동안 거의 30개에 달하는 교육 프로그램을 제공했고 그녀는 또 별도의 지역별 교육에도 참여할 수 있었다. 당시 개설된 세미나 중에는 다음과 같은 것들이 포함돼 있었다.

- 고객 불만 처리법

- 거래 마무리하기

- 회사 수당 제도에 대한 이해

- 시간 관리

- 신입 회원 교육

- 목표 세우기

- 제품 세미나

- 신입 회원 오리엔테이션

- 회원 유치

- 개인 금융 서비스 세계에서의 여성

이는 네트워크 마케팅 회사가 제공하는 귀중한 자기 계발 기회를 잘 보여 주는 것으로 셰릴의 후원자는 종종 이 곳에서의 교육을 가리켜 "돈까지 주면서 하는 사업자 개발 프로그램" 이라고 부르곤 했다.

동등한 기회

네트워크 마케팅은 여성들에게 남자와 동등한 급여와 지위를 누릴 수 있는 기회를 제공한다. 최근 수 십년 사이에 법적, 사회적 변화로 장족의 발전이 있었다고는 하지만 그래도 남녀 차별은 여전히 남아 있으며 특히 기업 사회에서는 더 심하다. 간단히 말해 많은 경우에 여성들은 자신들에게 합당한 보수를 받지 못하고 있는 것이 현실이다.

그러나 네트워크 마케팅 세계에서는 요건을 만족시키는 한 보수나 고위 간부직 승진 기회에 제한이 있을 수 없다. 또 네트워크 마케팅에서는 남을 딛고 올라서는 것이 아니라 순전히 자신의 성과에 근거하여 성공할 수 있다.

국제적인 환경 전문 엔지니어로 일하다가 기업 세계에 환멸을 느껴 지금은 통신회사 사업자로 일하는 스테파니 스톨츠는 자신과 남편이 네트워크 마케팅을 처음 시작할 때 별로 기대를 하지 않았다고 털어놓는다.

자신의 꿈은 회사에서 성공하는 것이었지 자기 사업을 하는 것이 아니었기 때문에 시작 당시에는 별로 열심이 아니었다. 좋은 학교에 가서 우수한 성적을 받은 후 또 대학원에 진학해 좋은 성적을 거두는 등 그녀는 회사에서 성공하기 위해 필요하다는 것은 뭐든지 다 했다. 그녀는 가르치는 일, 직장 일, 논문 준비 등으로 늘 바쁘고 여가 시간이라고는 없었다. 스테파니는 남편의 권유로 네트워크 마케팅을 시작하게 됐다. 얼마 동안 일을 하자 수당이 나오기 시작하더니 일을 안 할 때도 계속 나왔다. 다니던 회사에 대한 실망이 점점 더 심해지면서 그녀는 네트워크 마케팅 사업이야말로 진정한 해답임을 깨달았다.

스테파니가 네트워크 마케팅 사업을 시작한 후 18개월쯤 됐을 때 중요한 전환점이 왔다. 자신의 상사인 부사장과 첫 인터뷰를 갖는 자리였는데 그녀는 승진도 기대하고 있었지만 무엇보다도 자기의 책임에 걸맞는 급여를 기대하고 있었다. 부사장은 그녀의 업무 성과에 대해 매우 만족하고 있다고 말하더니 말 그대로 그녀의 손을 토닥거리며 이렇게 말했다. "이런, 당신은 연봉 4만 달러 이상은 절대 받을 수 없을 거야. 여자니까. 남편이 좋은 직장이 있으니 걱정할 게 뭐 있겠어?' 그 무렵 남편은 그녀에게 도대체 무엇 때문에 그런 상처를 계속 감수하느냐고 말했고 그녀도 변화가 필요한 시기임을 깨달았다.

스테파니는 자신의 상황을 이렇게 비유했다. "현관에 개가 누워 있었답니다. 개는 가끔 낑낑대고 신음 소리를 냈지요. 하루는 이웃 사람이 오더니 개 주인한테 '이봐요, 이 집 개 무슨 문제가 있어요?'라고 물어봤습니다. 주인이 못 위에 누워 있어서 그렇다고 대꾸하자 그럼 왜 일어나서 딴 데로 가지 않느냐고 되물었대요. 그러자 주인이 '아직 덜 아파서 그러지요'라고 말하더랍니다."

스테파니는 그것이 바로 자신의 이야기라며 마침내 결정적인 상처를 입은 것이 네트워크 마케팅계로 본격적으로 들어서는 계기가 됐다고 말했다.

같은 회사의 현장 책임자인 베티 마일스도 그럴듯한 직장에 실망하여 전환한 또 다른 예이다. 큰 보험회사에서 커미션 조건으로 일을 시작한 후 그녀가 처음 받은 인상은 보험회사에서 '여성의 영역'은 규모가 큰 회사가 아닌 중산층 교사나 간호원들을 상대로 영업을 하는 것이라는 동료 남자 직원들의 시각이었다. 그러나 그녀가 현실을 직시하게 된 진짜 계기는 한 은행에서 자신이 개발한 보험 상품에 대한 프리젠테이션을 했을 때였다. 60대 중반의 은행장은 보험 계약에 대한 최종 결정을 내리기 전에 그녀의 상사를 만나 봐야 한다고 했다. 정작 그가 찾는 상사는 바로 그녀였음에도 불구하고 말이다.

　기업 세계에서 이런 류의 차별은 언제나 정신적인 면뿐 아니라 경제적인 면으로도 이어진다. 남녀 임금 차이에 대한 통계치를 보았을 때 그것이 평생 지속될 경우 그 금액이 얼마가 되는지를 생각해 본 적이 있는가? 80, 90년대에 여성들은 남자와 똑같은 일을 하고도 임금은 평균적으로 남자 동료의 66% 수준에 머물렀다. 이를 다시 환산하면, 남자가 1년간 버는 돈을 벌자면 여자들은 16개월을 일해야 하며, 1주일로 따지면 남자가 40~45시간 일하는 데 비해 여자는 60시간을 일해야 한다는 의미이다. 여자들은 시간이 남아돌기라도 한다는 듯이 말이다. 그러나 성과에 따라 보수를 받는 네트워크 마케팅에서는 다르다. 노력과 실적에 따른 합당한 보수를 받는 것이다.

네트워크 마케팅 용어

　네트워크 마케팅 운영에 대한 이해를 높이기 위해서는 이와 관련된 몇 가지 용어들을 익히는 것이 도움이 된다. 기존의 매장 판매와 다른 1대1 판매 방식을 포괄적으로 의미하는 용어로 직접 판매(direct selling)가 사용된다. 어떤 회사가 네트워크 마케팅 회사라고 하면 자사 상품을 직접 판매 방식을 통해 파는 회사들이다.

　어떤 용어들은 혼용되어 쓰인다. 예를 들어, 네트워크 마케팅 회사를 위해 제품을 판매하고 회원을 모집하는 개개인들은 디스트리뷰터(distributor), 개인 사업자(individual representatives) 혹은 컨설턴트

(consultant)라고 불린다. 네트워크 마케팅 및 직접 판매를 하는 디스트리뷰터는 해당 회사에 고용돼 있는 것이 아니다. 앞으로 소개하는 여성 사업자들은 6장에 나오는 본사 간부들을 제외하고는 모두 독립 사업주이다.

다단계 판매

다단계 판매라는 용어도 네트워크 마케팅과 혼용되고 있는데 좀 더 엄밀히 말하면 이는 판매 방식보다는 수당 지급 방식을 나타낸다. 과거에 기존의 직접판매 회사의 수당 지급 형태는 일반적으로 단일 단계로 돼 있어 본인의 직접판매 분에 대해서만 커미션을 지급했다. 그 후 일부 회사들은 수당 지급 체계에 후원 수당이라는 항목을 추가했다. 이를 통해 사업자들은 자신이 가입시킨 회원, 또 자신이 가입시킨 회원이 후원하는 모든 하위 회원들의 매출분에 대해서도 수당을 받을 수 있게 됐다. 상위 후원자가 후원 수당을 지급받게 되는 하위 회원 그룹은 다운라인(하위 파트너)이라고 한다. 다운라인은 자신이 직, 간접으로 가입시켜 그룹에서 자기 아래로 들어가 있는 파트너들을 가리킨다. 반면 판매조직에서 자기 위에 있는 후원자들은 업라인(상위 후원자)으로 불린다

현재 많은 회사들은 다단계 수당 지급 방식을 사용하고 있는데 이는 소매 수당과 후원 수당을 혼합한 방식이다. 이 방식은 직접 판매뿐 아니라 하위 파트너 등록과 교육, 또 이들이 이직하지 않고 그룹에 남아 있게 하는 등의 모든 활동에 대해 수당을 지급하고 있다. 각 수당 지급 방식 간의 차이는 3장에서 더 자세히 다루기로 한다.

마지막 관문: 네트워크 마케팅은 과연 내게 적합한가?

이제까지 나온 내용을 토대로 해서 자신의 현 상황을 검토하기 위해 몇 가지 스스로에게 물어볼 질문들이 있다. 1주일에 8~10시간 정도를 더 투자해 부업을 하고자 할 경우 고용주가 근무 시간을 융통성 있게 조절하라고 허락할 것인가? 쉽지는 않겠지만 만일 고용주가 이를 허락했을 경우 다음에 대해서도 동의할 것인가?

- 이미 끝낸 일에 대한 지속적인 수당 지급
- 함께 일할 사람을 선택할 권리
- 자신이 열의를 갖고 있는 일을 할 자유
- 자신의 성공과 승진을 도와 줄 지도자 선택
- 다른 사람에 대한 지도 허용
- 도움이 되는 각종 회의 참석
- 능력 개발을 위한 연수 참가
- 능력, 실적에 대한 즉각적이고 정당한 인정
- 좋은 사람들과 영구적 관계를 맺을 수 있는 기회
- 웹사이트를 통한 24시간 사업 활동에 대한 수당 지급

만일 여러분의 고용주가 위에 열거한 모든 혜택들을 제공하고 여러분도 현 직장에 만족하고 있다면 그대로 있기를 권하겠다. 그러나 현 직장에서 누릴 수 없는 이러한 혜택들을 얻고 싶다면 네트워크 마케팅을

대안으로 고려해 볼 수 있다.

두려움 극복하기

미지의 분야에 진출한다는 것은 쉬운 일이 아니다. 캐롤 토튼은 처음 가입할 때 마음이 내키지 않았던 것을 지금도 기억하고 있다. 그녀는 후원자가 3달 동안이나 조른 후에야 이 사업에 대해 들여다 봤지만 일단 제대로 알게 되자 즉시 가입했다고 한다.

이제 네트워크 마케팅에 대해 어느 정도 알게 됐으므로 이 일에 대해 좀 더 편안하게 느낄 수 있을 것이다. 문제는 사물을 보는 시각을 바꾸는 것이다. 마가렛 다나카는 세일즈를 사람들에 대한 서비스로 보기 시작하자 모든 두려움이 사라졌다고 자신의 경험을 말한다.

이제 네트워크 마케팅이 왜 많은 여성들에게 최상의 기회가 될 수 있는지를 인식하기 시작했을 것이다. 이 책을 읽어나가며 네트워크 마케팅에 대해 더 익숙해지고 그 가치를 인식하게 되면 그냥 당장 쉬운 길을 택할지 아니면 자신의 인생을 향상시키기 위해 용감하게 행동에 나설지를 고려해 볼 수 있을 것이다.

금융 상담가인 수지 오만은 자신의 저서 『부자가 되기 위한 용기 : 물심 양면으로 풍요로운 인생 가꾸기』에서 이렇게 말한다.

"'나는 할 수 없다'는 생각을 '나는 할 수 있다'로 바꿀 수만 있
으면 자신의 경제적 운명을 바꿀 수 있다."

열렬한 네트워크 마케팅 전도사

이름: 로빈 B. 코헨
취급 제품: 공기정화기, 치과 용품, 스킨 케어 제품, 애완동물 용품, 영양제 등
사업 경력: 7년
성취 내용: 로빈 코헨은 스스로 경제 왕국을 세웠을 뿐 아니라 남들에게도 그 방법을 가르치고 있다. 또 오랜 세월 새벽 3시 45분이면 그녀를 깨우던 자명종 시계를 치워버렸다.

로빈 코헨이 네트워크 마케팅에 대해 이야기하는 것을 들으면 흥분이 느껴진다. 그녀의 아이디어, 헌신, 꾸밈 없는 태도는 이야기를 계속 더 듣고 싶게 만든다. 네트워크 마케팅에 대해 처음 들은 날 밤 로빈은 잠을 이룰 수가 없었다고 한다. 기하급수적 성장 가능성, 잔여 소득, 다른 사람들을 돕는 것이 결과적으로 자신을 돕는 게 된다는 이야기 등이 그녀를 압도했다. 네트워크 마케팅을 알게 된 순간부터 그녀는 자신이 다시는 일반 회사에서는 일할 수 없게 될 것이라는 것을 알았다. 로빈은 네트워크 마케팅을 처음 접하자 마자 바로 행동에 들어갔다.

로빈 코헨은 많은 사람들이 이상적으로 여길 만한 직업을 갖고 있었다. 수요가 많은 직업이었고, 대우도 좋았으며 연봉도 여섯 자리 숫자 수준이었다. 그 지역 레스토랑과 호텔에 해산물을 판매하는 일이었으므로 주로 주방장, 요리사, 레스토랑 주인들과 상대했다. 잘 될 때는 연간 700~800만 달러 어치의 해산물을 판매하기도 했다.

수입은 괜찮았지만 매일 새벽 3시 45분이면 일어나야 했고 압박감이

심한 영업이었다. 누구나 알고 있듯이 생선은 금방 상하기 때문에 그 정도 물량을 판매하자면 매일 100통 이상 전화를 해야 했고 거래하는 레스토랑과 호텔 숫자만 해도 1,500개가 넘었다. 일로 인한 압박감과 바쁜 스케줄로 몸에도 이상이 왔다. 식사와 수면에 문제가 생겼고 빈혈증도 얻었다.

회사 상사는 로빈의 판매 실적이 좋아 그녀 월급이 자기보다 높아질 정도가 되자 판매 수당을 깎아버렸다. 로빈은 무시당했다고 느꼈고 다른 길을 찾기로 했다. 로빈은 이미 그 전에 몇 개 네트워크 마케팅 회사를 알아본 적이 있었지만 자기에게 잘 맞지 않는 것 같았는데 한 리더십 세미나에 가 보고는 감명을 받았다. 사람들의 수준, 회사 시스템, 외부 평판 등 모든 것이 자기에게 맞는 회사를 찾았다는 느낌이 들었다.

하루 종일 해산물 판매 일을 하고 또 네트워크 마케팅 일을 하려니 로빈은 시간에 더 쫓기게 됐다. 그래서 네트워크 마케팅 사업 수입이 최소한의 생활은 할 정도가 되자마자 로빈은 해산물 판매 일을 그만뒀다. 사업 초기에는 수입이 아주 불규칙하기 때문에 사실은 자기가 직장을 너무 일찍 그만둔 셈이라고 로빈은 말한다. 지금이라면 사업 수입이 최소한 6개월은 안정세를 보일 때까지 직장에 그대로 있었을 것이라고 한다. 그 정도가 돼야만 안전하게 움직일 수가 있다는 것이다.

그러나 일찍 뛰어든 것도 나름대로 중요한 학습 기회가 됐고 그 때 얻은 교훈은 로빈의 네트워크 마케팅 사업에 두고두고 도움이 됐다. 그녀는 꿈이 절실하면 길을 찾기 마련이라고 말한다. 부족한 네트워크 마케팅 수입을 보충하기 위해 그녀는 몇 차례 집에서 못쓰는 물건들을 파는 차고 세일을 했다. 처음과 두 번째는 각기 2,600 달러 정도를 벌었다. 그 것들은 어차피 자기는 필요 없고 다른 사람들은 필요한 물건들이었다. 로빈이 또 세일을 준비하고 있다는 것이 알려지자 이웃 사람들과 친구들은 자기들이 안 쓰는 물건들을 갖다 줬다. 로빈은 뭔가를 절실하게 원하면 세상도 돕게 돼 있다고 말한다.

로빈은 자신의 사업이 초기에 살아남을 수 있었던 것은 순전히 자신의 꿈이 워낙 강렬했기 때문이라고 확신하고 있다. 자신의 꿈을 글로 옮기는데 중요한 것은 자신이 원하는 미래를 정확히 정의하고 자기가 글을 쓰는 대로 그 일들이 이루어지는 것처럼 현재 시제를 쓰는 것이라고 로빈은 말한다. 그 꿈에 대해 충분히 읽고, 생각하고, 믿는다면 이미 이루어진 것이나 마찬가지라는 것이다. 로빈의 첫번째 꿈은 자유였다. 해산물 판매 일을 하면서 로빈은 자신이 마치 우리에 갇힌 동물과 같다는 느낌을 가졌다. 안정된 생활을 하기 위해서는 쉬지 않고 일해야 했다. 저축한 돈을 쓰며 살 수는 없었고 경제적 자유라고는 없었다. 당시 로빈의 꿈은 자명종 시계가 필요 없는 삶이었다. 자신을 좀 돌볼 수 있는 처지가 되고 싶었다. 또 큰 일을 성취하고자 하는 사람들과 함께 일하고 싶었다.

시간이 어느 정도 흐르자 로빈은 정말 그런 사람들 집단의 일원이 됐다.

"네트워크 마케팅은 일종의 집단입니다. 그렇다고 광신도 집단 같은

로빈 코헨에게서 배우는 네트워크 마케팅 지혜

- **자신의 꿈을 적어보라.** 자기가 원하는 미래를 상상해보라. 그 삶에 대해 적어보라. 단, 미래 시제를 쓰지 말고 이미 다 이루어진 것처럼 써보자. 그 꿈을 수시로 읽어보라. 내가 처음 사업 기반을 쌓기 시작할 때 그것이 정말 가장 유용한 도구가 됐다.

- **처음에는 다른 사람의 자신감을 보고 배워라.** 그들의 시스템과 성공을 따라 하라.

- **세일즈하는 사람이 되지 말라.** 사람들은 물건 사는 일은 이미 잘 알아서 하고 있으므로 그런 도움은 필요가 없다. 사람들이 제품에 대해 이해할 수 있도록 가르쳐 물건이 저절로 팔리게 하라. 개인적으로 나는 내가 내 제품의 선생님이라고 생각하고 있다.

- **사람들을 놓아주는 법을 배워라.** 성인 탁아소를 만들 생각은 말아야 한다. 우리 여자들은 남들에게 용기를 주는 일은 잘 하지만 보내는 것은 못하는 것 같다. 사람들을 가르치고 훈련시키는 것은 필요하지만 궁극적으로는 스스로 부딪히며 배우도록 해야 한다.

- **배운 것은 바로 남들에게도 가르쳐라.** 아는 것은 남들과 함께 나누고 단독 비행을 하려 들지 말라.

것은 아니고 하나의 문화라고 할 수 있지요. 공동의 가치관을 갖고 큰 일을 성취하는 사람들의 집단이요. 최근에 친구 하나가 아기를 낳았어요. 처음 몇 주 동안 어떻게 해야 되는지를 몰라 신생아 전문 간호원을 집으로 불러 갓난아기 돌보는 법을 배우더군요. 최근 얼마 전까지만 해도 그런 건 엄마, 이모, 언니, 아니면 이웃 사람들이 했던 일이잖아요. 그러나 요즈음에는 전문가를 부르거나 수업을 듣지요."

네트워크 마케팅에서는 도움이 필요할 때 외부 사람을 부를 필요가 없다. 같은 조직 사람들에게 물어 보면 도울 능력이 있는 사람이 자진해 나서기 때문이다. 따라서 모두가 서로에게 지원팀 역할을 한다고 로빈은 말한다. 예를 들어 컴퓨터나 인터넷에 대해 잘 아는 사람한테 도움을 받고 싶을 경우, 소문만 내면 아는 사람이 나서서 도와주게 돼 있다.

네트워크 마케팅 리더들은 긍정적 에너지를 갖고 있어야 한다고 로빈은 말한다. 큰 일을 해내자면 아침에 일어날 때부터 긍정적 태도를 가져야 하며 그러기 위해서는 그야말로 머리 속에서 긍정적 메시지만 흐르도록 해야 한다는 것이다. 로빈은 자신의 그룹 회원들에게 용기를 주는 책들을 읽고 동기 부여를 위한 테이프도 듣고 교묘하게 부정적인 메시지들은 경계하라고 충고한다.

로빈은 네트워크 마케팅 사업이 오해 받고 있는 것 중 하나가 하룻밤 사이에 성공할 수 있다는 기대라고 한다.

"그런 식으로는 되지 않습니다. 제품의 성격 때문에 저는 치과 의사들을 많이 상대합니다. 그 사람들은 개업하기 전에 4년에서 6년까지 학교에서 배워야 하지요. 또 학교를 졸업한 다음에도 초보자에 지나지 않습니다. 정말 전문가가 될 때까지는 수년이 걸리지요. 네트워크 마케팅도 사실은 다르지 않습니다. 뭔가를 달성하려면 시간, 교육, 연습이 필요합니다. 진정한 경제적 자유를 원한다면 장래를 내다봐야 합니다."

로빈은 네트워크 마케팅은 여성들에게 남들을 가르치고 큰 돈을 벌수 있는 기회를 주고 있다며 다른 곳에서는 누구에게나 그런 기회를 주는 사업을 찾을 수 없다고 말한다. 또 네트워크 마케팅에서는 선입견 같은 것이 있을 수 없다. 출신 성분, 성, 피부색, 교육 수준 등은 성공에 전혀 영향을 주지 못하며 오직 자기 자신의 신념만이 그럴 수 있다. 로빈은 자기는 전적으로 네트워크 마케팅을 믿고 있다고 말한다. 또 자기를 아는 사람들은 자기가 그렇다는 사실을 다 알고 있다며 그 사람들도 곧 자기처럼 믿게 될 것이라고 말한다.

CHAPTER 3

네트워크 마케팅의 여성적인 면

앞에서도 밝혔듯이 우리는 네트워크 마케팅이야말로 여성들이 자신들의 가치관을 지키면서 동시에 상당한 돈도 벌 수 있는 좋은 기회를 제공한다고 확신하고 있다. 미국에서 네트워크 마케팅계에 종사하고 있는 700만 명 이상의 여성들도 물론 여성과 네트워크 마케팅 사이에 특별한 관계가 있다는 것을 잘 알고 이해하고 있다. 이에 대해 곰곰이 생각해 본 결과 그 이유랄 수 있는 요소를 찾아냈는데 바로 네트워크 마케팅이 갖고 있는 '여성 정신' 이다.

여성적인 면이 돋보이는 사업

남을 돌보고, 감사할 줄 알고, 협력적인 관계를 맺을 줄 아는 여성들의 특성을 생각해 보면 소위 '여성 정신' 의 실체를 파악할 수 있다. 또 이런 특성을 사용하고 장려하는 사업 분야에서 여성들은 맹활약하며 성공을 누릴 수 있다. 네트워크 마케팅은 모든 면에서 본질적으로 사람을 키우고 관계를 구축하는 일이므로 우리는 이 분야야말로 여성 정신을 지니고 있고 여성들이 본성을 유지하면서도 동시에 큰 경제적 성공을 거둘 수 있는 사업으로 보고 있다.

네트워크 마케팅 일을 하는 여성들에게 가장 자랑스럽게 여기는 것이 무엇인지를 묻자 다음과 같이 답변했다.

"함께 일하는 여성들입니다. 정말 훌륭한 분들입니다. 그 분들이 제 가장 좋은 친구들이고 또 우리는 모두 함께 크게 성장했습니다."

— 마가렛 다나카

"이 회사는 제게 많은 여성들의 인생을 바꿀 수 있는 기회를 주었습니다."

— 캐롤린 A .워드

"지난 4년간 사람들과 맺은 진실한 관계와 내 도움을 받아 삶을 변화시킨 사람들입니다."

— 캐롤 토튼

"팀 멤버들의 개인적 성장과 성공을 위해 긍정적 영향을 미칠 수 있었던 점입니다."

— 릴리 윌릭

"사람들의 인생이 변화하는 것을 직접 옆에서 지켜볼 수 있었다는 겁니다."

— 베티 마일즈

이번 장에서는 네트워크 마케팅 업계의 여성적인 면이 일반 기업에서 여성들이 경험한 분위기와 어떻게 다른가 하는 문제를 살펴보고 네트워크 마케팅 환경에서 흔한 현상인 사람 키우기와 인간관계에 대한 이야기들을 나누도록 하겠다. 우선 기업 세계에서 빚어지는 일들을 보자.

기업의 게임 룰 – 깨어진 신화

일을 잘 하고 게임의 룰을 지켜라. 그러면 정당한 대가를 받게 될 것이다. 이것이 대부분의 기업에서 전해 내려오는 신화이다. 그런데 문제는 그 룰이라는 것을 확실히 알기가 어렵다는 점이다. 또 나름대로 룰이라고 여기는 것을 착실히 지키고, 정해놓은 목표를 달성하고, 임무를 다하는 경우에도 대가를 받지 못하는 경우가 흔하다. 회사가 당신에게 합당한 봉급 인상을 해 주겠다고 보장한 적이 있는가? 10% 이상의 임금 인상을 받는 것이 마땅할 때도 경영진이 인상 상한선을 5%로 묶는 경우는 없는가? 처음에는 괜찮게 들리던 보너스 규모가 시간이 갈수록 줄어든 예는 없는가? 승진을 위한 벽이 너무 높아 아예 포기해 버리게 되는가? 이처럼 예측 불가능한 상황에서 도대체 누가 어떻게 승자가 될 수 있다는 말인가?

남녀 불문하고 충분히 자격이 있는 사람들이 승진에서 누락하는 경우가 다반사로 일어나고 있다. 또 그에 대한 해명도 없으므로 많은 경우에 이유조차 알 수가 없다. 또 정작 자격 있는 직원은 누락되는 반면 어떤 사람들은 분명히 일솜씨가 신통치 않은데도 승진하는 것을 보고 놀란 경험이 있는가? 승진이 정치적 배려에 의해 결정된다는 의혹을 품은 적이 있는가? 또 상사가 업무 능력과는 관계 없이 자기 마음에 드는 사람을 승진시킨 적이 있는가? 패자가 여성일 경우, 혹시 노리던 자리가 '유리로 된 천정' 저편에 있는 너무 높은 자리는 아니었나? 패자가 남성일 경우, 기업에서 성공하는 남성상에 부합하지 못했기 때문일까? 기업 세계에서 이런 일들이 매일 벌어지고 있기 때문에 많은 사람들은 상사로부터 자신의 가치를 인정 받지 못하고 있다고 느끼고 자기가 아무리 노력을 해도 소용이 없다는 무력감에 빠지게 된다. 열심히 일하고 회사에 충성하고 탁월한 업무 능력을 보여도 그에 대한 합당한 대가가 돌아오지 않는 것이다. 또 여성들에게 '적합한' 보수는 남자 동료들보다 15% 정도 낮은 수준이라는 식으로 깎아 내리는 것도 여성들로 하여금 자신의 가치를 의심하고 자신감이 없게 만든다. 특히 사람들은 누구든지 격려가 필요하다는 점을 생각할 때 이는 정말 슬픈 일이다. 한편 캐롤린 워드의 경험을 통해 볼 수 있듯이 네트워킹 마케팅 세계는 기업 세계와는 완전히 다르다. 이 사업은 그녀에게 직책에 따라서가 아니라 자신의 가치에 따른 대가를 받을 기회를 제공했다. 기업들은 남성적 특성과 여성적 특성을 조화시키고 통합하는 문제에 있어 아직 갈 길이 멀다.

네트워크 마케팅의 여성 정신

네트워크 마케터들의 업무 방식은 경쟁이 아닌 협력이다. 여성의 특성에 맞고 성취 기회를 제공하는 네트워크 마케팅 세계의 토대와 기본 원칙을 살펴보자. 여성 정신은 양육하고, 협력하고, 누구에게나 성공 기회를 주고, 돕고, 의미 있는 목표를 세우고, 정당한 대가와 자기의 공헌에 대한 인정을 바라는 등 여성의 본능적 욕구를 나타낸다. 그리고 네트워크 마케팅은 이런 모든 가치를 강화시켜 준다.

가치관의 조화

네트워크 마케팅이 갖고 있는 가치 체계는 다음과 같은 이유로 여성들의 가장 핵심적이고 본능적인 욕구와 일치한다.

- 기본 원칙을 신봉한다.
- 다른 사람들을 키우고, 지도하고, 돕는 일이다.
- 분명하고 공정한 '게임의 룰'을 따른다.
- 성과를 확실히 인정한다.
- 모두가 다 함께 승자가 될 수 있다.
- 자기 계발의 장을 제공한다.

- 지역사회와 유대를 가질 기회를 제공한다.
- 새로운 사람들을 만날 수 있고 친교활동 기회도 제공한다.
- 여성이 지닌 이점을 활용할 수 있다.

다이안 그룬식은 자신이 돕고 싶은 각종 사회 단체들을 위한 모금 활동을 할 수 있어 네트워크 마케팅 일이 좋다고 한다. 다이안은 장애자 올림픽, 학대 여성을 위한 쉼터, 고등학교 밴드부, 적십자 등을 위한 모금 운동을 한다. 그녀는 세상에는 동정심이 있어야 하고 남들을 돕는 것이 가장 중요하다며 자기가 만나는 사람들을 최선을 다해 돕고 싶다고 말했다.

마가렛 다나카도 남들의 삶에 변화를 일으킬 수 있기를 바라는 네트워크 마케터 중 한 사람이다. 그녀는 공영 TV 방송 제작사에서 일했었는데 일도 재미있었다. 그곳에 입사한 이유는 질 높은 프로그램을 만들어 사람들의 삶에 변화를 일으키고 싶었기 때문이었다. 그러나 다큐멘터리를 만들고 싶었지만 그런 기회는 좀처럼 오지 않았고 6년이 지난 후 자신이 사람들로부터 동떨어져 있다는 사실을 깨달았다. 사람들과 더 밀접한 관계를 맺으며 일하고 싶었고 그래서 좀더 인간관계에 바탕을 둔 일을 찾아야겠다고 결심했다. 또 자신의 가치관을 반영할 수 있는 일을 하고 싶었으며 자신의 일이 다른 사람들의 삶을 변화시키는 것을 확인하고 싶었다.

지금은 아들이 학교에 가지 않을 때는 함께 집에 있을 수도 있다. 또 전국을 여행하며 리더십 관련 세미나를 개최하기도 하는데 정말 일이 즐겁다고 한다. 자유시간에는 자원봉사도 하고 있는데 지금은 하이티 식량 원조 프로그램 개발을 담당하고 있어 이미 하이티에 한 차례 다녀왔으며 또 갈 예정이라고 한다. 남들을 돕고 싶을 때면 언제든지 시간을 내어 도울 수 있다며 보통 직장 같으면 지금처럼 여유 시간, 수입, 자유를 모두 누리는 것이 불가능했을 것이라고 그녀는 강조한다.

그레이스 듈레이니는 자신이 일에서 느끼는 만족을 다음과 같이 아주 시적으로 표현했다.

"나의 임무는 열정, 지식 등 내가 받은 풍족한 은혜를 사람들의 삶을 윤택하게 하는 데 사용하는 것입니다. 이 사업은 내가 원하는 그림을 그릴 수 있는 물감이자 내가 원하는 춤을 출 수 있는 무대라고나 할까요...아무튼 내 삶의 목적을 온전히 표현할 수 있는 도구를 제공해줬습니다."

자신의 가치관에 맞춰 일할 수 있다

남에게 고용돼 있을 때는 깨어 있는 시간 중 많은 부분을 이를 위해 써야 한다. 또 매주 40시간의 정규 근무시간 외에도 출퇴근, 출근 준비, 쇼핑, 세탁 등에도 많은 시간을 보내게 된다. 따라서 많은 여성들은 일하러 가는 것을 지겹게 여기며 주말과 휴가만 기다리며 살고 있다. 이들에게는 직장 일이 즐거운 근로가 아니라 고역일 뿐이다. 자신의 인생에서 중요한 것이 무엇인지를 정의하고 자신에게 중요한 것을 추구하기로 결심하기만 하면 여러분들도 자신만의 풍요로운 인생을 얻을 수가 있다.

발러리아 배그놀은 여성 정신을 가진 네트워크 마케팅을 통해 자신의 최우선 목표를 정리하고 달성할 수 있었다. 원래는 식료품 값이나 벌자는 생각으로 시작했지만 점점 더 일이 좋아졌고 그보다 훨씬 많은 돈을 벌게 됐다. 발러리아는 지금은 하는 일도 즐겁고 경제적으로도 훨씬 안정이 돼 심신이 다 편안해졌다고 말한다. 휴가도 더 즐길 수 있고 신앙 생활도 더 할 수 있고 생활을 즐겁게 만드는 물건들도 더 많이 구매할 여유가 생겼다. 아들 대학 학비도 자비로 냈는데 이 일이 아니었다면 불가능했을 거라고 그녀는 말했다.

모두가 함께 승자가 될 수 있다

네트워크 마케팅은 참여한 사람 모두가 성공하고 자신의 지위를 향상시킬 수 있는 환경을 제공하며 또 자신의 성공을 위해 동료를 희생시킬 필요도 없다. 네트워크 마케팅 업체에는 보통 '고위 간부직' 숫자에 상한선이 없으므로 여성들에게 맞는 윈-윈 시나리오가 가능하다. 전 장에서 설명한 판매원 조직 혹은 계보도 겉으로는 위계 조직처럼 보일 수 있지만 실제로는 아무도 밀어내지 않고 모든 사람이 다 발전할 수 있는 시스템이다.

남자 중심의 기업 구조에서는 한 번에 한 사람만이 승진할 수 있으며 나머지 사람들은 모두 처지게 된다. 절친한 친구 사이에도 승진 자리를 놓고 경쟁을 벌이다 한 사람만 올라가며 우정에까지 금이 가는 경우도 생긴다. 그러나 네트워크 마케팅에서는 모든 사람들이 동시에 승진하는 것이 가능하며 누군가를 일부러 탈락시킬 필요가 없다. 또 승진을 위해 동료나 가까운 친구와 경쟁하는 대신 요건만 만족시키면 누구든 급여 인상을 받을 수 있고 많은 사람들이 함께 승진하는 경우도 흔하다. 그 때문에 누구든 승진하면 모두가 이를 함께 축하할 수 있는 것이다. 또 승진을 못한 사람들도 최소한 자기가 승진하지 못한 것이 다른 사람 때문이 아니라는 사실은 알고 있다. 자신의 운명은 자기 손에 달려 있으며 스스로 목표를 세우고 명확하게 설정돼 있는 조건만 달성하면 승진할 수 있는 것이다.

또 본인이 승진을 할 경우 상위 후원자도 거액의 보너스를 받게 되며 실제로 덕분에 승진도 할 수 있는 등 마찬가지로 혜택을 보게 된다. 남들이 더 잘 할 수 있도록 협조하고, 보살피고, 돕는 여성의 특성들이야말로 네트워크 마케팅의 기본 정신인 것이다. 모두가 다른 사람들의 성공을 도와 줄 충분한 동기가 있다면 분위기가 얼마나 크게 달라질 것인가?

관리자가 아닌 후원자

기업에서는 새로 관리자가 된 후 직원들을 독려하고 동기를 부여하는 데 어려움을 겪는 경우가 있지만 네트워크 마케팅 업계에서는 관리자가 된 후에도 협조 분위기가 계속 유지된다. 그 이유는 일반 회사 직원들은 대개 자신들의 뜻과 상관 없이 회사측 목표와 스케줄에 따라 움직여야 하기 때문이다. 심지어는 관리자로서 부하 직원에게 달가워하지 않는 프로젝트를 억지로 맡겨 말도 안 되는 기한 내에 끝내게 하는 경우에도 그에 대해 구체적인 보상을 해줄 권한이 없으며 연말 업무 평가 때 좋은 결과가 있기를 바랄 수 밖에 없다.

스테파니 스톨츠는 회사에서 자기가 가장 싫었던 것은 남에게 별 도움을 줄 수 없었던 점이었다고 말한다. 사무실에서 남을 도와 주면 상사는 한가해서 그렇다고 생각하고 일을 더 맡겼다. 네트워크 마케팅에서는 다른 사람을 많이 도와 줄수록 자신의 몫도 늘어나므로 남을 도와 주는 데 대해 보상을 받는다는 것이 너무 좋다고 그녀는 말했다.

자기 사업, 그러나 혼자 하는 사업은 아니다

네트워크 마케팅은 대개 친밀하게 연결된 조직과 지원 시스템을 형성하여 판매원들의 성공, 성장과 정신적 유대감을 촉진하게 된다. 네트워크 마케팅을 하는 여성들은 자기 사업을 하는 사업주이지만 그렇다고 사업을 혼자서 하는 것은 아니다. 전직 웨이트레스로 지금은 성공적인 사업가로 변신한 케리 린 버스컥은 최근 미용실에 갔다가 주인에게서 들은 이야기를 예로 들며 네트워크 마케팅과 다른 사업과의 차이를 설명했다. 미용실 주인 여자는 같은 일을 하는 여성들을 많이 알고 있기는 하지만 어떤 지원 시스템 같은 것을 느껴본 적은 없다고 토로했다. 평상시도 그렇고 좀 격려가 필요할 때도 조언을 구할 사람이 없다는 것이다. 사업을 하는 대개의 여성들도 마찬가지일 것이다. 독립적인 것은 좋지만 외로울 수가 있으며 특히 사업이 저조할 때는 침체될 수가 있다. 그러나 네트워크 마케팅에서는 지원 시스템 덕분에 그럴 염려가 없다.

네트워크 마케팅은 자기 사업이면서도 동료 여성들과의 협력 하에 일하게 된다. 자신이 나서서 남에게 동기 부여를 할 수가 있다. 또 자신이 모집한 판매원들과 부딪히며 경쟁을 할 필요도 없는 동시에 그들에게 회사 목표를 독려하기 위한 방법을 찾느라 고심할 필요도 없다. 그저 그 사람이 자신의 목표를 달성할 수 있도록 돕기만 하면 되므로 지도자나 조력자의 역할에 더 가깝다. 사람들에게 노력을 강요하는 대신 승진, 보수, 인정 제도 등 회사의 각종 구체적인 보상책을 활용하여 열심히 일하도록 유도할 수 있다.

이 '하는 만큼 얻는다' 는 철학이야말로 훌륭한 동기 부여 방법이다. 또 좋은 실적을 올려도 1년에 한번 있는 급여 인상을 기다려야 하는 일반 기업과 달리 주, 월, 분기 등 비교적 단시일 내에 경제적 보상이 주어진다.

여성이 더 잘 할 수 있는 이유

네트워크 마케팅에서 성공하기 위해서는 물론 '일에 적합한 자질' 이 필요하다. 아래에 제시한 네트워크 마케터의 구체적인 업무 내용과 성공에 필요한 특성을 살펴보면 여성 특유의 천성적 재능이 이들의 성공에 일조하고 있음을 알 수 있다.

- 주변 친지들을 활용한 고객 확보
- 파티 홍보 방식일 경우 파티나 워크숍 주최자 물색
- 회사 제품이나 서비스에 대한 시범, 장점 설명 및 추천
- 사업자 모집
- 다른 사업자 훈련 및 지도
- 다른 사업자에 대한 동기 유발 및 실적 치하

여성들은 보통 남들과의 의사소통 및 유대 형성에 천성적 재능을 갖고 있기 때문에 이런 일들을 훌륭히 해낸다. 몰리 맥시는 과거에는 자기가 말이 많은 것이 흠이었는데 지금은 그 덕택에 돈을 벌고 있다고 말한다. 남을 돌보고 키워주는 것을 좋아하고, 좋은 것을 보게 되면 남들에게도 알려주고 싶어 하고, 조직을 협조적인 분위기로 이끌어 나갈 줄 아는 등 여성 특유의 천성에 대해서는 이미 앞에서 이야기 했는데 바로 이런 특성들이 여성들로 하여금 네트워크 마케팅에 진출하여 성공하게 만드는 요소이다.

철저한 성과급

네트워크 마케팅 회사가 일반 기업에 비해 좋은 점은 '하는 만큼 얻는다' 는 분위기를 장려하는 것이다. 성공에 필요한 조건들이 명확하게 제시돼 있으며 자신이 정한 목표를 달성하면 그에 따른 정확한 보상이 따른다.

네트워크 마케팅 회사의 수당 지급 방식은 모든 사람들에게 공평한 기회를 제공한다. 각자의 배경, 교육 수준, 성별, 성격 등은 보수에 전혀 영향을 주지 않으며 단순히 상사의 마음에 들었다는 이유로 승진하는 일도 없다. 또 각자의 성취 정도에 따라 인정과 보상을 받으므로 윗사람이 좋아하든 싫어하든 그런 것은 전혀 상관이 없다. 누구든 실적만 달성하면 그에 따른 보상을 받게 되는 것이다. 성과를 인정하는 방식은 판매액이 좀 늘었을 경우와 같이 수당이 늘어나는 조용한 형태일 수도 있고, 일정 수준을 달성하여 수천 명이 모인 대회에서 무대에 나가 상을 받는 공개 행사일 수도 있다.

기업에서는 상사 때문에 승진을 못할 수도 있지만 네트워크 마케팅에서는 상사보다 돈을 더 많이 버는 것도 얼마든지 가능하다. 또 자신의 상위 후원자를 능가하는 실적을 올리더라도 그 사람에게 피해를 주는 것은 아니며 이러한 윈-윈 환경이야말로 네트워크 마케팅의 여성적 특성이다.

성과에 대한 인정 및 표창

일반 직장에서 여성들은 자신들의 노력이 무시되거나 당연시 되는 경험을 흔히 한다. 정작 아이디어를 내고 목표를 달성한 장본인은 여성인데도 그 공은 남자 상사나 동료들에게 돌아가는 경우도 별로 드문 일이 아니다. 어떤 경우에는 여자도 큰 공헌을 할 수 있다는 사실을 남자들이(또 때로는 여자들까지) 알아보지 못하는 단순한 실수 때문일 수도 있지만 어떤 때는 자신들이 게임에서 앞서기 위해 일부러 여성들의 능력을 깎아 내리는 것일 수도 있다.

사람들은 자신의 노력과 성과에 대한 인정과 보상이 필요하고 네트워크 마케팅은 특히 성과를 적절히 인정해 주는 분위기를 갖고 있다. 직장에서 남자들보다 인정을 못 받았던 여성들에게는 특히 이 인정을 해 주는 분위기가 네트워크 마케팅 회사에 남게 만드는 가장 중요한 요소이다. 만일 기업들이 네트워크 마케팅 만큼 직원들을 인정해 준다면 더 많은 여성들을 유치할 수 있을 것이다. 실제로 많은 사람들이 자신들의 가치를 인정 받지 못하는 점 때문에 일반 회사를 떠나 네트워크 마케팅으로 오게 된다.

고마움을 표하거나 인정하는 방식이 꼭 금전적 보상이어야 하는 것은 아니다. 아카데미상 시상식 연습에 참석하는 사람들에게는 전통적으로 출연료를 지불하지 않는 대신 감사의 표시로 캔디가 든 바구니를 선물하는데 모두가 좋아한다고 한다.

사람들은 모두 자신의 존재와 중요성을 인정 받고 싶어한다. 케리 버스컥은 패티(가명)라는 한 회원의 이야기를 소개한다. 당시 패티는 그 달의 최고여왕상을 받아야 했지만 항상 너무 짧거나, 꼭 끼거나, 드러나는 옷을 입고 다녀 시상 모임에 그녀를 초대하는 것이 망설여졌다. 그래도 케리는 "외모를 보고 판단하지 말라"는 철학을 따르는 사람이라 패티를 초대했다. 다행히 패티는 얌전한 옷을 입고 왔지만 함께 모시고 온 패티의 엄마는 긴 머리에다 작업복을 입은 채였다. 케리는 패티가 호명 되자 패티 엄마의 눈에서 눈물이 흐르며 누추하던 모습이 일순간 환하고 자랑스런 엄마의 모습으로 변하는 것을 보았다.

그로부터 몇 개월 후 패티가 전화를 해서 엄마가 돌아가셨다는 소식을 전하며 자신이 최고여왕상을 받았던 그 날이 자기 엄마에게는 생애에서 가장 특별한 날이었다고 말했다. 두 오빠는 감옥에 가고 자신은 누드 댄서로 일하는 등 평생 자식들이 말썽만 부리던 집안에서 패티 엄마는 그날 생전 처음 자랑스러운 자식의 모습을 보았고 패티가 좋은 사람들과 함께 일하게 돼 앞으로 더 나은 인생을 살 수 있으리라는 희망을 보았다는 것이다.

이런 일을 보면 여러분은 네트워크 마케팅이 단지 사업만 하는 것이 아니라 병든 영혼을 치유하는 일까지도 하게 된다는 것을 깨달을 것이다.

지극히 간단하게 보이는 이 인정 제도가 네트워크 마케팅 회사들의 성공에 핵심적인 요소이다. 각 개인의 가치를 인정해 주는 것이 그들 인생을 더 의미 깊게 만들며 이들이 노력해서 만족스러운 삶을 이루도록 만드는 동기가 된다.

다른 곳에서는 찾을 수 없는 여성 정신의 진수

사람들이 이처럼 네트워크 마케팅에서 인정 받기를 갈망한다는 것은 이들이 다른 곳에서는 별로 인정을 받아본 적이 없다는 의미도 되므로 어떤 면에서는 서글픈 일이다. 일반 직장 여성들은 자신의 공헌에 대해 가치를 인정 받지 못하고 있으며 가족들조차 해주는 일을 당연히 여기는 경우가 있다. 따라서 다른 곳에 없는 각종 인정 프로그램을 제공하는 회사의 일원이 된다는 것은 즐거운 일이다. 캐롤린 워드는 네트워크 마케팅이 "남들이 네게 행하기를 원하는 대로 너도 남들에게 행하라."는 황금률을 실천할 뿐이라고 말한다. 이 업계야말로 여성들과 그들이 필요로 하는 것을 잘 이해하고 강한 리더가 되기 위한 조건을 잘 알고 있다는 것이다. 이들이 준비하는 수양회, 초대 모임, 회의 등 행사에서는 여성들 사이에 강한 유대감이 형성된다.

이 황금률이야말로 네트워크 마케팅의 강점을 잘 압축해 놓은 것이다. 네트워크 마케팅 사업의 여성 정신이야말로 진정으로 모든 사람들이 협력하여 돕고 모두 함께 승리자가 될 수 있는 분위기를 조성하게 된다. 이것이 여러분도 원하는 것이라면 미래 직업으로 네트워크 마케팅을 생각해 볼 수 있을 것이다.

있는 자리에서 성공할 수 있다

이름: 수잔 엘리자베스 웨이틀리
취급 제품: 건강보조식품, 스킨 케어 제품, 다이어트 제품 등
사업 경력: 5년
성취 내용: 사업 시작 5년 만에 수잔은 100만 달러 이상의 소득을 올렸다. 자녀 7명도
          모두 잔여 소득을 얻을 수 있도록 사업 기반을 잡아줬다.

수잔 웨이틀리는 일곱 명의 자녀를 기르면서 전 남편 두 명의 성공적인 사업을 도왔다. 그러나 두 번째 결혼이 파경에 이르렀을 때 정작 그녀는 내세울 만한 전문 자격증이라고는 없었다. 고졸 학력자로 일반 기업에 취직하면 최저 임금에 가까운 보수를 받게 되리라는 것은 뻔한 이치였다. 그러나 54세 나이에 활기가 넘치는 수잔은 네트워크 마케팅에서 자신이 열정을 느끼는 일을 하고 있다. 그녀는 건강을 증진시켜 주는 제품을 통해 다른 사람들이 경제적 자유를 얻도록 도우며 동시에 자기도 놀랄 만한 소득을 올리고 있다.

수잔은 『승리의 심리학』 테이프 시리즈로 유명한 인생전략가 데니스 웨이틀리와 결혼생활을 하고 있을 때 처음 제품을 접하게 됐다. 남편 직업 덕분에 그녀 집에는 온갖 제품들이 선물용으로 배달되고는 했다. 배달된 다른 상자들과 마찬가지로 이 제품의 상자도 쓰레기통에 넣으려고 하다가 수잔은 갑자기 죄책감을 느꼈다. 전혀 고마워할 줄 모르고 뭐든지 버린다는 자책감을 없애기 위해 수잔은 상자에서 한 가지를 꺼냈다.

이 회사의 제품 중 가장 잘 알려진 건강보조제인 에센셜 제품이었다.

쓰레기통으로 직행하는 것을 모면하기는 했지만 그래도 3병이 한 세트인 이 제품은 열지도 않은 채 선반에 보관돼 있었다. 어느날 건강보조식품을 먹는 것이 좋다는 뉴스를 듣고 귀가 솔깃해 약을 사러 나가려 하는데 보관하고 있던 제품이 눈에 들어왔다. 수잔은 기왕에 있는 것을 먼저 사용해 보기로 하고 생전 처음으로 매일 건강보조식품을 먹기 시작했다.

수잔은 20년 이상 선천성 위염을 앓고 있었다. 어떤 때는 중세가 심해 최소한 1년에 한번 정도는 병원에 입원할 정도였다. 의사들은 그녀의 위벽 상태가 엉망이라고 하면서도 정작 처방해주는 약은 효과가 없었다. 자극적인 음식과 커피를 피하라는 권고도 따르기 힘들 때가 있었다. 그런데 제품을 복용한 지 몇 주 만에 이상한 일이 일어났다. 증세가 사라진 것이다. 수잔은 그게 정말 그 제품 덕인지 의아했다. 그래서 시험해 보느라고 복용을 중단했더니 증세가 재발했다. 다시 먹기 시작했더니 증세가 또 사라졌다. 그러자 제품 효과를 믿을 수 있었다. 수잔은 다른 사람들에게도 그 사실을 알려야겠다는 생각 뿐이었다. 그래서 얼마 안돼 수잔은 판매 사업에 대해 알아봤다.

"나는 이 일이 나뿐 아니라 다른 사람들에게도 좋을 거라고 봤습니다. 또 아이들한테도 뭔가를 만들어 줘 직장에서 받는 봉급 외에 가외 수입을 얻을 수 있게 하고 싶었습니다. 그래서 아이들도 제 회원으로 가입시켰습니다. 또 여동생과 어머니도 가입시켰지요. 현재 가족들은 잔여 소득으로 월 400 달러에서 주 1,800 달러까지 벌어들이고 있습니다."

놀랍게도 수잔은 수당 제도를 제대로 이해하기도 전에 이미 성공을 거두고 있었다. 사람들에게 이야기만 하면 계속 성공하는 것이었다. 당시 수잔은 서서히 쌓은 사업이 더 탄탄하고 마음이 맞는 사람들끼리 모이는 것이 가장 좋다는 것을 알지 못했다. 아무것도 모르는데 그래도 사업은 잘됐다. 어떻게 그럴 수가 있을까? 그녀에게는 불타는 열정이 있었고 사람들은 수잔의 그런 모습에 반해 몰려들었던 것이다. 수잔은 세일즈나 마케팅에 대해 아는 것이 없었다. 그저 제품이 효과가 있고 많은 사람들을 도울 수 있다는 사실을 알고 있었으며 그래서 자기의 중요한 발견을 남들에게 이야기했을 뿐이었다.

수잔은 여성들은 네트워크 마케팅에 특별한 재능이 있다고 믿고 있다. 자녀, 가정, 남편, 부모 등 천성적으로 모든 사람을 돌보는 역할을 하기 때문이다. 네트워크 마케팅에서는 다른 사람을 돕는 것이 자기의 성공을 가져온다. 건강을 돕든 아니면 경제적 상황을 돕든 아무튼 남을 도울 수 있다는 것이 네트워크 마케팅의 가장 보람 있는 부분이라고 수잔은 말한다.

수잔은 최근 네트워크 마케팅 사업을 가장 적절히 비유할 수 있는 일을 경험했다. 그녀는 미국 전국에서 가장 좋다고 하는 고급 동네인 란초 산타페에서 살고 있다. 가장 부유한 사람들이 사는 곳으로 다니는 차들도 BMW, 롤스로이스, 벤츠, 캐딜락, 렉서스 등 고급 일색이다. 그런데 얼마 전에 작업복 멜빵 바지를 입은 여자가 차가 고장이 나 고생하고 있는 것을 봤다. 그녀는 다른 차들에 방해가 되지 않도록 차량 행렬에서 차를 밀어내려고 애쓰고 있었다. 그런데 그 고급차 주인들은 고장 난 차에다 대고 짜증을 부리며 경적만 울리고 있었다. 내려서 도와 줄 생각을 하는 사람은 아무도 없었다. 수잔은 자기 차를 도로 가장자리에 세우고 휴대폰을 들어 보이며 길 건너편에 서 고생하고 있던 여자에게 도움이 필요하냐고 큰 소리로 물었다. 수잔은 네트워크 마케팅 사업이 그 휴대폰과 똑같다고 굳게 믿고 있다. 네트워크 사업은 욕구, 목표, 꿈을 가진 사람들에게 구호 전화와 같은 역할을 할 수는 있지만 그것들을 대신 이루어 줄 수는 없는 것이다.

수잔 웨이틀리에게서 배우는 네트워크 마케팅 지혜

- **열정과 끈기가 성공을 만든다.** 마음 속 깊은 곳에서 뭔가를 느끼고 그것을 만나는 모든 사람들과 나누고 싶어야 한다. 또 끈기가 있어야 한다. 조금씩 쌓아가다 보면 오래지 않아 자기가 기대했던 이상의 성과를 얻게 될 것이다.

- **선입관은 절대 금물.** 사람들에게서 늘 놀라게 될 것이다. 부족한 것이 전혀 없어 보이는 여성들도 여러분이 줄 수 있는 일을 절실하게 필요로 할 수도 있다.

- **회사 선택을 현명하게 하라.** 다른 사업을 하는 것은 없는지 등 회사 경영주에 대해 가능한 모든 것을 다 알아보라. 맨 윗사람의 도덕성은 중요하다.

- **주위를 정돈하고 매주 일하는 시간을 정해라.** 네트워크 마케팅은 파트타임으로도 할 수 있다. 시간을 갖고 꾸준히 노력하는 것이 가장 좋은 결과를 가져올 수 있다.

CHAPTER 4

네트워크 마케팅의 과거와 현재

네트워크 마케팅은 길고 풍부한 역사를 가진 판매 방식이다. 네트워크 마케팅은 처음부터 변함 없이 1대1 관계, 직접 증언, 제품이나 서비스에 대한 추천, 현재보다 더 큰 목표와 꿈을 가진 사람들에 의존해 발전해왔다. 또 네트워크 마케팅은 원하는 모든 사람들에게 사업 기회를 제공한다.

이 사업의 핵심은 사람이기 때문에 개인과 집단의 생활 스타일 변화에 따라 네트워크 마케팅 사업은 변신을 거듭해왔다. 또 최신 제품 및 기술과 사람들의 삶을 개선할 수 있는 기회를 제공하기 위해 네트워크 마케팅 업계는 자기 재창출 작업을 계속하고 있다.

네트워크 마케팅이 줄 수 있는 기회를 완전히 이해하기 위해서는 그 역사를 배우는 것도 도움이 될 것이다. 이제 네트워크 마케팅이 어떻게 시작됐으며, 언제부터 어떻게 여성들이 참여하기 시작했는지 등을 살

퍼보기로 하자.

네트워크 마케팅의 역사

네트워크 마케팅이 시작된 것은 100년도 넘었으며 초창기 회사들은 주로 각 가정을 방문하며 물건을 팔았다. 당시에는 대부분의 중산층 주부들이 낮에 집에 있었고 또 가게에 가는 것이 쉽지 않았기 때문에 직접 판매 방식이 잘 통했으며 주로 낮 동안 집에서 판매가 이루어졌다. 당시에는 회사가 몇 개밖에 없었으며 그 때도 별 선택의 여지가 없는 가난한 여성들은 일을 해야 했다.

여성들이 대거 직장에 진출하기 시작한 것은 70년대와 80년대였다. 이들은 남자들과 동등한 기회를 갖는다는 꿈을 갖고 있었다. 여성들은 자신들의 가치 평가를 회사측에 맡겼고 회사가 자기들의 공헌을 치하하고 승진시켜 줌으로써 능력을 인정해 줄 것으로 생각했다.

그 시절에는 밖에서 일하는 것이 소원 성취라도 되는 것처럼 보였지만 많은 여성들은 회사 근무를 통해 부정적 느낌을 얻게 됐다. 감원, 해고와 함께 승진은 드물었고 열심히 일을 잘 한다고 해서 반드시 보상이 따르는 것은 아니라는 것을 깨닫게 됐다. 특히 자녀가 있는 여성들은 가족과 떨어져 있는 시간이 길어지자 당초 가졌던 기대가 깨졌다. 그러자 집에서 일하면서 경제적 독립도 달성할 수 있는, 새롭고 좀 더 여성들에게 적합한 일을 꿈꾸게 됐다.

이러한 욕구에 따라 네트워크 마케팅 사업은 급성장을 경험했다. 이는 사람들에게 스스로 사업을 창출하고 경제적 자유를 획득할 수 있는 기회를 주었다. 또 여성들은 자녀와 함께 있을 수 있게 됐으며 세금 혜택을 통해 가용 소득도 늘어났다.

네트워크 마케팅의 현재

이제 2005년으로 가보자. 낮 시간 동안 집에 있는 소비자들이 거의 없고 쇼핑몰이 도처에 있으며 컴퓨터 스크린을 통해 언제든지 인터넷 쇼핑을 할 수 있는 환경 속에서 가정 방문소개 방식은 상상하기 힘들다. 네트워크 마케팅 회사들은 가정 방문소개 모델에서 '영향권' 모델로 전환했다. 매일 접하는 사람들을 사업 기반으로 삼는 네트워크 마케팅 방식은 아직도 변함이 없지만 지금의 사업 모델은 회사는 우수한 제품과 시스템을 제공하고 사업자는 이를 판매할 고객을 확보한다는 원칙을 기본으로 하고 있다. 네트워크 마케팅 사업자들은 또 자신들의 영향권 내에 있는 사람들을 잠재 고객으로 유치하게 되는데 이는 모든 일반 소매 및 전자상거래 회사들이 부러워하는 사업 비법이다.

사람들이 갖가지 이유로 직접 판매에 매력을 느끼게 됨에 따라 많은 여성들이 이 분야에 진출하여 유례 없는 성공을 거두고 있다. 여성들은 마침내 네트워크 마케팅 업계를 지배하는 정도가 아니라 거의 독차지하고 있다. 직접판매협회가 실시한 업계 성장 및 전망 조사에 따르면 현재 네트워크 마케팅 사업 중 73%는 여성 소유이다. 우리는 그럴 만한 충분한 이유가 있다고 본다. 물론 남자들도 성공할 수는 있지만 많은 심리학자들이 믿듯이 여성들은 천성적으로 남들과 네트워크를 형성하고 남들과의 관계와 결속에 더 무게를 두는 등 특별한 이점을 갖고 있다. 무엇보다도 좋은 점은 여성들이 보람 있는 일을 하면서 동시에 돈도 벌 수 있다는 사실이다.

네트워크 마케팅의 수당 제도

오늘날 네트워크 마케팅의 중요한 요소 중 하나는 회원들에 대한 수당 체계이다. 직접 판매 업계에서는 자기 노력에 비례하여 수입을 올릴 수 있다는 사실을 굳이 설명할 필요가 없을 것이다. 회사들은 독립 사업자들에게 각종 수당을 지급하고 있으며 현재 사용되고 있는 4가지 기본 형태를 개괄하면 다음과 같다.

계단식 수당/브레이크어웨이(breakaway)

계단식 수당 제도는 복잡하지만 사업자들에게는 유리한 형태로 사업자들은 상품을 더 많이 팔고 사업자를 더 많이 유치할수록 등급이 올라가게 된다. 또 등급이 오를수록 받을 수 있는 보너스 종류와 금액도 커진다. 중도 탈락자란 자신이 모집한 하위 사업자 중 어느 수준까지 올라갔다가 그만둔 사람들을 말한다.

이 수당 체계는 하위 사업자 조직의 폭(자신이 직접 모집하는 하위 사

업자)과 깊이(자기 밑에 있는 사람들이 모집하는 하위 사업자)에 전혀
제한을 두지 않기 때문에 사업자들에게 가장 유리한 방식이다. 자기 밑
에 있는 사람들이 연쇄적으로 사업자를 유치할 경우에는 사업 조직이
깊어진다. 자신의 조직이 커질수록 수당도 늘어나기 때문에 사업 연륜
이 쌓일수록 돈을 더 많이 벌게 된다.

단일(unilevel) 수당

단일 수당 제도는 가장 간단한 형태로 자신이 수당을 받을 수 있는
하위 단계 숫자는 제한하지만 직접 모집 판매원 숫자에 대해서는 제한
이 없다.

행렬식(matrix) 수당

1단계 판매원 숫자를 제한하는 것을 제외하고는 단일 수당 제도와 흡
사하다. 1단계 판매원 한도가 찬 후에 들어오는 판매원들은 자동적으로
다른 하위 판매조직으로 들어가게 된다.

이원화(binary) 수당

하위 판매원 조직에 대해 수당을 받지만 조직을 관리해야 한다. 자신
이나 자신의 하위 사업자가 모집하고 훈련시킨 사람들을 우조직과 좌
조직의 양 축으로 이원화한다. 대부분 경우에 두 조직 중 실적이 저조한
쪽의 실적 총액에 대해 수당을 받게 된다. 수당을 많이 받기 위해서는

양 조직이 최대한 비슷한 실적을 올려야 하므로 이 수당 구조에서는 양 조직의 실적과 사업자 모집 활동을 지속적으로 관리해야 한다.

네트워크 마케팅에 대한 오해: 피라미드 방식이란 무엇인가?

미국에서만도 연간 230억 달러의 매출을 올리고 있는 합법적인 사업임에도 불구하고 네트워크 마케팅에 대해 잘 모르는 사람과 이야기할 때 자주 듣게 되는 질문이 있다. 피라미드 방식이 아니냐는 질문이다. 다수의 합법적인 큰 회사들이 계속 일부 소수의 불법 피라미드 회사들과 똑같은 취급을 받고 있다는 것은 정말 이해할 수 없는 일이다. 이는 소매점 직원 몇 사람이 거스름돈을 좀 속였다고 해서 모든 소매점들이 불법 상행위를 하고 있다고 단정하는 것과 마찬가지로 정말 부당한 일이다. 그래도 언젠가는 틀림 없이 그런 질문을 받게 될 것이므로 그에 대해 자신 있게 답변할 수 있는 준비가 필요하다.

피라미드 방식이란 계속적인 신규 회원 모집을 통해 돈을 버는 사기수법을 나타내는 법률 용어이다. 이를 좀더 쉽게 설명해보자. 합법적 네트워크 마케팅 회사들은 상품이나 서비스 판매에 대해 수당과 보너스를 지급한다. 반대로 피라미드 방식은 새로 들어오는 사람들에게서 받는 돈으로 기존 회원들에게 수당을 지급한다. 간단히 말해 조직에 새로 가입하는 사람들이 자기를 모집한 사람에게 수당을 지급하고 그 사람은 또 자기에게 수당을 지급할 사람을 모집하는 것이다. 이는 종종 신입 회원 모집 수당으로 불린다. 가입비 액수는 어마어마하다. 어떤 때는 가입비 대신 신규 가입 회원에게 소비자들에게 팔 수도 없는 상품을 엄청나게 많이 구입하게 만든다. 신규 회원이 계속 들어오지 않으면 가입비 수입도 없어지고 상품 출하도 중단되므로 기존 회원들에게 지급할 신규 자금이 끊겨 결국 피라미드가 붕괴하게 된다.

베티 마일스가 네트워크 마케팅 사업을 시작하려고 할 때 이 피라미드 방식이 정치 문제가 됐다. 베티의 남편은 사우스 캐롤라이나 주 국무장관이었고 재선을 앞두고 있었으므로 부인이 그런 사업에 나서는 것을 원치 않았던 것이다. 그는 상대방이 이를 자신에게 불리하게 이용할 것이라고 생각했다. 그래서 베티가 사업을 하기 전에 회사를 철저히 조사하고도 자기가 모르는 사람들만 모집하도록 부탁했다. 이웃, 교회, 정당 지지자, 친구들에게 접근하는 것을 막았다. 그래서 보험회사 사람들과 민주당 당원들(베티의 남편은 공화당 소속이었다)만 잔뜩 모집하게 됐다고 한다.

그 후 베티는 백만 달러를 벌어 들여 백만달러 그룹 멤버가 됐고 사우스 캐롤라이나 주지사는 베티를 사우스 캐롤라이나에서 가장 큰 소자본가라고 소개하게까지 됐다.

전혀 다른 문제이기는 하지만 피라미드 방식을 쉽게 이해하는 데 도움이 될 수 있는 다른 예는 미국의 사회보장제도이다. 과거에 사회보장기금 분담금을 내다가 정년 퇴직을 하거나 장애자가 된 사람들에 대한 연금은 현재 일하고 있는 사람들이 기금에 내는 돈에서 지급된다. 만약 퇴직자 수는 계속 증가하는데 현재 노동 인구는 줄어들고 그래서 기금에 들어오는 돈도 감소한다면 사회보장제도는 자금 부족으로 인해 붕괴 위험에 빠지게 된다. 사람들이 계속 들어와 자금을 공급하지 않으면 지급할 돈이 없어지는 것이다. 네트워크 마케팅 회사의 수당 체계가 그런 식으로 불법적으로 이루어져 있다면 바로 그런 경우가 될 것이다.

네트워크 마케팅 업계에 소수 사기꾼들이 있었고 지금도 있지만 대부분의 합법적 회사들은 제품 판매 수익에서 회원들의 수당을 지급하고 있으므로 그것을 확인해 보면 된다. 이런 회사들은 신규 회원 모집이 중단된다 하더라도 상품 판매가 계속되는 한 수당을 지급할 수 있다. 좋은 회사를 가려내고 피라미드 수법의 함정을 피하는 방법은 5장에 자세히 나와 있다.

성공에 대한 새로운 정의

네트워크 마케팅은 어느 단계에 있든 모든 사람들이 성공을 거둘 수 있도록 열심히 돕는 사업이다. 그러나 여기서 말하는 성공은 반드시 경제적인 것만을 의미하지는 않는다. 자신의 이상적인 직업에 대해 생각해 본 많은 여성들은 단순하고 균형 잡힌, 즐거운 삶이 성공적이라는 결론을 내렸다. 직접판매 사업은 이들에게 높은 수입뿐 아니라 이런 눈에 안 보이는 혜택도 부여했다. 《네트워크 마케팅 라이프 스타일》 편집장인 던컨 맥스웰 앤더슨은 이렇게 설명했다.

"여성들은 현명하다. 여성들은 불행한 인생을 견디는 방법을 찾기보다는 행복한 인생을 가꾸는 방법을 배우는 편을 택한다."

지금은 모든 것을 다 갖춘 이상적인 여성상을 그릴 때 정신 없이 바쁘게 돌아가는 기업체 고위 간부로 역시 정신 없이 바쁜 성공한 남편과 멋진 집에 자녀들은 하루 종일 탁아 시설에 맡기고 사는 여성의 모습을 제시하지는 않는다고 앤더슨은 설명한다. 오히려 자신의 생활이 있고 원할 경우 아이들과 집에 있으면서 공부도 시키고 휴가도 갈 수 있는 여성이 이상형으로 여겨지고 있다. 그는 네트워크 마케팅계에 있는 여성들이야말로 무엇이 가장 중요한지를 아는 사람들이라고 말한다.

르웰린 로우는 남자 입장에서 앤더슨의 말에 동의하고 있다. 자신은 남자이지만 부인도 그렇고 서로를 깊이 사랑하고 있기 때문에 늘 함께 있을 수 있다는 것이 큰 매력이라는 것이다. 정신적 반려이자 또 평생 애인인 자기들에게는 네트워크 마케팅 일이 최상의 조건이라고 한다. 또 부부가 진정으로 인생을 함께 하고 열정을 추구하고 함께 늙어가기 위해서는 네트워크 마케팅 일이 유일한 길이라며 함께 사는 기술을 숙달하는 것이 자기들의 목표라고 그는 말했다.

네트워크 마케팅계에서 일하는 많은 사람들도 자신들의 경험에 대해 비슷한 의견을 말했다. 네트워크 마케팅에서는 경제적 성공과 정신적 성취감을 동시에 얻을 수 있다. 이제 네트워크 마케팅의 과거와 현재에 대해서는 이야기했고, 그 미래는 여러분의 손에 달려 있다!

위기가 있는 곳에 기회도 있다

이름: 릴리 윌릭

취급 제품: 건강/보건 관련 제품, 고급 식료품, 환경친화적 가정용품 등

사업 경력: 12년

성취 내용: 릴리는 자신의 인생에서 중요한 것들을 지키면서도 성공적인 사업을 하고 있다. 같은 회사 사람들과 자마이카, 바바도스, 밴프, 스페인, 바하마, 포르투갈 등 세계 각지를 여행했다. 보통 자기 사업을 할 때 피할 수 없는 온갖 구속에서 벗어났고 호출기를 없애버렸다. 이제 '가족이 우선'인 생활을 할 수 있게 됐다.

릴리 윌릭의 매력은 그녀가 모순 덩어리라는 점이다. 고등학교 1학년까지만 다닌 사람치고는 너무 똑똑하고 말하는 것도 재미있어 마치 경영학 석사 같다. 또 고생을 한 사람치고는 너무 명랑하고 나이에 비해 너무 현명하다. 릴리 윌릭은 "표지만 보고 책을 판단하지 말라"는 네트워크 마케팅 업계의 황금률을 다시 한번 상기시킨다. 다행히도 릴리의 후원자는 릴리에게 네트워크 마케팅 이야기를 처음 해 줄 때 그 원칙을 잘 알고 있었다. 릴리와 남편 웬델의 사업은 겉으로는 잘 되는 것 같이 보였지만 사실은 바닥에서 헤매고 있었다. 그런데 네트워크 마케팅 사업이 생명줄이 되어 부채, 스트레스, 한 밤에 울려대는 호출기, 중요한 것을 다 미루고 사는 생활에서 이들을 구출해주었다.

이제는 10년이 넘었지만 릴리는 처음 다이아몬드와 사파이어가 박힌 반지 때문에 네트워크 마케팅 일을 시작됐다. 당시 릴리의 후원자는 특

별 보너스로 보석 반지를 내걸었다. 사업 파티를 통해 물건을 1,000 달러 어치 이상 파는 회원에게는 상으로 보석이 박힌 아름다운 반지를 주겠다고 했다. 보석을 좋아했지만 살 여유가 없었던 릴리는 이를 꼭 받아야겠다고 결심했다. 그러나 최선을 다했음에도 불구하고 한 파티에서 1,000 달러 어치를 팔 수는 없었다. 그러자 릴리의 후원자는 현명하게도 그 한도를 낮춰 릴리가 반지를 받을 수 있게 배려해줬고 그것이 길고 성공적인 사업의 시작이 됐다.

릴리 부부는 사실은 네트워크 마케팅 사업에 맞는 사람들 같지 않았다. 잘 되는 카펫 청소 서비스 및 청소 용품 사업을 하고 있었는데 일도 많고 고용하고 있는 직원도 많았다. 고객 중에는 새스카툰에서 가장 큰 사무실 소유주도 있었는데 그 곳에서 나오는 수입만도 월 2만5천 달러였다. 그 돈을 받으면 하루나 이틀은 기분이 좋았지만 당장 지불해야 하는 인건비가 자기들 부부 몫을 제외하고도 2만2천 달러나 됐다.

또 괴로운 것은 돈뿐이 아니었다. 일 때문에 릴리 부부는 아예 사무실에 슬리핑 백을 준비해 두고 있었다. 밤 늦게까지 일을 해야 할 때 아이들을 재우기 위해서였다. 신용할 수 없는 직원들도 문제였다. 물론 좋은 직원들도 많았지만 창고에 들어가 낮잠을 자고, 새벽 1시 교대 시간에 나타나지 않고, 도무지 자기 일에 책임감이 없는 직원들도 있었다. 만약 새벽 1시 교대 직원이 오지 않으면 대신 할 수 있는 사람은 릴리와 남편뿐이었다. 그 때 남편이 매일 차고 다니던 호출기는 고삐나 마찬가지였다고 릴리는 회상한다.

그런 사업 경험 때문에 이들 부부는 네트워크 마케팅 사업의 가치를 가장 잘 알고 있다. 네트워크 마케팅에서는 재고 비축 경비나 인건비가 들어가지 않고도 자기 사업을 할 수 있었다. 집에서 사업을 했으므로 임대료를 내느라 돈을 쓸 일도 없었다. 또 아이들 생활까지 일에 맞추는 대신 일을 가족에 맞춰 조절할 수 있었다. 아이들이 학교 갈 때 집에 있고 또 돌아올 때도 집에 있을 수 있었다. 모든 직원들의 스케줄에 신경 쓸 필요 없이 아무 때나 원할 때 휴가를 갈 수도 있었다. 소득은 노력에 비례했다. 함께 일하는 회원들도 직원이 아니라 자기 사업을 하는 사람들이었으므로 일에 대한 책임감이 훨씬 높았다. 네트워크 마케팅이 자기들에게는 자유를 의미했다고 릴리는 말한다.

이론적으로는 네트워크 마케팅의 이점을 알고는 있었지만 그래도 이들 부부도 다른 사람들이 모두 겪는 장애물을 넘어야 했다. "우리가 정말 물건을 팔아야 할까?"라는 의문이었다.

공격적으로 물건을 파는 전략 대신에 릴리는 고객들을 만족하게 해주는 것이 단골을 얻는 데 가장 좋다는 원칙을 갖고 임했다.

"웨이트레스로 일하던 때가 생각나더군요. 내가 손님에게 친절하게 굴고 서비스를 잘 해주면 다음에 또 와서 내 담당 테이블에 자리를 달라고 부탁하고는 했거든요. 그러다가 단골손님이 됐지요. 네트워크 마케팅도 마찬가지로 재미 있는 사업입니다. 자기 자신이 정말 좋은 사람이면서 다른 사람들을 좋아하고 관심을 가져주면 진실성이 드러나게 마련이거든요. 사람들과 관계를 가지며 뭐가 필요한지를 알아내고 어떻게 도울 수 있는지를 생각해내면 됩니다. 물론 자기가 판매하는 제품에 대해 열의를 갖고 있어야겠지요. 자기부터 그 제품을 정말 좋아하고 사용하지 않는다면 그것들을 팔면서 편안할 리가 없고 그렇게 되면 크게 성공할 수도 없습니다."

릴리의 남편은 4년 전 인터넷 사업을 시작하기로 결정했다. 네트워크 마케팅 수입 덕분에 릴리 남편은 자기가 하고 싶은 일을 할 여유가 있었다. 릴리는 릴리대로 사업을 혼자 자기 힘으로 운영하게 되자 자신감이 더 생겼다고 한다. 이제 자식들도 엄마가 하는 일과 성과를 이해할 나이가 됐다고 한다.

"이제 재클린이 15살, 조단이 13살, 콜튼이 11살입니다. 엄마가 열심히 노력해서 성공하는 모습을 보고 더 존경하게 됐지요. 그게 내가 네트워크 마케팅에서 받은 것 중 가장 큰 선물입니다."

릴리 윌릭에게서 배우는 네트워크 마케팅 지혜

- **네트워크 마케팅에서는 누구나 성공할 수 있다는 것을 기억하라.** 성, 인종, 교육 수준, 사업 경험과 상관 없이 욕심이 있고 대가를 치를 용기가 있으면 이 사업에서 성공할 수 있다.

- **신념의 위력을 깨달으라.** 자기 자신의 열의와 신념이 다른 사람들에게 영향력이 있음을 인식해야 한다.

- **남을 돌보는 사람이 되라.** 여자로서 우리는 천성적으로 남을 돌볼 줄 아는 장점을 갖고 있다. 사람들은 이 돌보는 정신 때문에 우리에게 이끌리게 된다. 또 여자의 직감은 다른 사람들이 필요로 하고 귀중하게 여기는 것을 이해하고 평가하는 데 도움이 된다.

- **계획을 세우고 시간표를 짜라.** 사업을 시작할 때 스스로를 위해 시간표를 짜라. 그 다음에는 가족들과 자기의 계획에 대해 이야기하라. 시간표를 지키려면 가족의 협조를 얻는 것이 필수적이다.

- **죽은 아이를 살리기보다는 차라리 새로 낳는 것이 쉽다는 것을 기억하라.** 리더가 되면 알아야 하는 첫번째 교훈은 남의 욕심까지 대신 가져줄 수는 없다는 점이다. 당사자 자신이 원하지 않고는 이루어질 수가 없다.

CHAPTER 5

어떻게 소득이 발생하는가?

여러분의 월 수입이 자기 연봉과 같아지는 것을 보고 남편도 당신 사업에 합류하는 상황을 상상해보라. 기업체 고문변호사 일을 하다 부인의 사업에 합류한 마거리트 성의 남편이 바로 그런 경우이다. 지금은 부부가 함께 열심히 일하고 있다.

이익이 나는 것은 물론이고 과거 부채까지 청산할 수 있을 정도로 돈이 잘 벌리는 사업을 찾았다고 상상해보라. 릴리 월릭이 그런 경우이다. 그녀가 전에 했던 빌딩 관리 및 청소 용역 사업은 겉보기에는 잘되는 것 같았지만 결국은 빚만 남게 됐다. 릴리는 지금 하는 네트워크 마케팅 사업을 통해 그 빚을 다 갚고도 남을 만큼의 돈을 벌어들였다.

마가렛 다나카는 남편이 죽은 뒤 마음을 가다듬을 시간이 필요했다. 그래서 그녀는 자기 그룹 회원들에게 자기는 얼마 동안 뒷자리나 지키고 있을 테니 나머지 사람들이 알아서 사업을 이끌어달라고 부탁했다.

마가렛이 거의 1년 정도 손을 놓고 있는 동안에도 그녀가 키운 사업자들의 성실과 헌신 덕분에 그녀의 수입은 오히려 늘어났다.

수잔 웨이틀리는 열심히 조직을 키우고 있던 중 좋은 아이디어가 떠올랐다. 자기 자식들도 회원으로 가입시키는 것이었다. 그래서 일곱 명의 자녀 모두를 회원으로 가입시킨 결과 이들은 지금 적게는 월 400 달러에서 많게는 1주일에 1,800 달러까지 벌고 있다. 수잔은 전에도 늘 그렇기는 했지만 덕분에 아이들이 엄마를 더 사랑하게 됐다고 자랑한다.

이와 같은 사례들은 네트워크 마케팅의 독특한 소득 방식들을 보여주는 것이다. 이번 장에서는 네트워크 마케팅 사업 소득의 특징과 그 밖에 네트워크 마케팅에서만 누릴 수 있는 혜택들을 살펴보기로 한다. 전반부에서는 그 특성을 검토하고 후반부에서는 수당 제도의 운영 방식에 대해 네트워크 마케팅 사업을 직접 하고 있는 두 사람의 설명을 듣기로 한다.

네트워크 마케팅 급여 체계는 일반 기업에서는 볼 수 없는 독특한 특징을 갖고 있는데 누구에게나 동일한 수당 지급, 무제한 소득, 가용 소득 확대 등이 그것이다. 그러나 일반 직장과의 가장 중요한 차이는 소득 경로가 다양하다는 점이다.

수잔 웨이틀리는 처음 사업을 시작했을 때 자기 앞에 엄청난 기회가 놓여 있다는 것을 제대로 알지도 못했고 단지 상품이 마음에 들어 남들에게 소개하는 정도였다. 그 정도만 해도 성공하는 데 문제가 없기는 했지만 진작에 좀 더 많이 알았다면 더 크게 성공했을 것이라고 그녀는 말했다.

무제한 소득

간단한 경제지능지수 테스트를 해보자. 수중에 20달러가 있다고 치자. 그 돈으로 가장 하고 싶은 일이 무엇일까? 비디오 테이프를 빌리고 피자를 한판 주문할까? 최신 유행 색상의 티셔츠를 살까? 아니면 노년을 위해 정기예금을 들까?

수지 타산을 해본 결과 빚지지 않고 살려면 수입을 늘리는 수밖에 없다고 하자. 어떻게 할 것인가? 돈 쓰는 것을 전부 중단할 것인가? 이른 아침 신문배달에 나설 것인가? 아니면 이미 하고 있는 일을 활용해 돈을 버는 방법을 찾는 것은 어떨까?

일반 통념과는 달리 단순히 소득을 늘리는 것이 경제적 안정을 얻는 데 가장 중요한 요소는 아니다. 그냥 더 많이 버는 것 보다는 오히려 돈에 관심을 갖고, 이해하고, 줄지 않도록 관리하는 등 돈과 올바른 관계를 맺는 것이 경제적 안정에 훨씬 더 큰 영향을 미친다.

동일한 보수

정부 통계에 따르면 1999년 여성들의 소득은 남성의 75% 수준이었다. 그러나 네트워크 마케팅에서는 여성들도 남성과 동등한 수당을 받는다. 이것만으로도 네트워크 마케팅 업계는 여성들의 임금을 33% 인상해 주는 셈이다.

동일한 일에 동일한 보수를 지급해야 한다는 이 문제는 이미 성차별에 의한 임금 격차를 직접 경험한 이들에게는 더 절실할 것이다. 마거리트 성은 네트워크 마케팅 사업이 마음에 드는 이유 중 하나는 남녀 모두에게 동등한 수당을 지급하기 때문이라며 과거 경험을 소개했다. 자신이 이미 수년간 책임자로 있던 부서에서 남자 직원을 새로 채용했을 때의 일이었다. 새로 입사한데다 마거리트 밑에서 일하는 직원이었음에도 불구하고 회사측은 그의 봉급이 마거리트보다 많아야 한다고 보고 있었다. "그것은 정말 견디기 힘든 현실"이었다고 마거리트는 회상한다.

카렌 헤이건은 회사 다닐 때는 항상 자신의 가치를 상사에게 증명해야 했지만 네트워크 마케팅 사업에서는 자신의 가치가 그대로 성과로 드러난다고 말한다. 또 기업 세계에서는 자신을 기껏해야 연봉 2만 달러짜리로 봤지만 네트워크 마케팅에서는 자기가 그 10배의 가치가 있다는 것을 알아준다고 설명한다.

무제한 소득

네트워크 마케팅 조직도는 거미줄, 나무, 아니면 산맥 모양을 이루고 있다. 정상에 한 사람이 혼자 서 있는 것이 아니라 수많은 산봉우리 위에 사람들이 서 있는 형태이다. 한 사람만이 꼭대기에 있는 기업과는 아주 다른 모습니다.

일반 기업에서는 기본적으로 상사보다 높은 보수를 받을 수가 없다. 어떤 일을 하든, 어떤 성과를 올렸든 상사보다 돈을 더 많이 받을 수는 없는 것이다. 또 승진을 한다 해도 급여 인상은 상사의 급여 수준에 따라 제한을 받을 수밖에 없다. 직장을 다니며 자신이 상사만큼 아니면 그 이상으로 회사에 기여를 했다고 느낀 적이 얼마나 많았던가? 그것이 급여에 반영됐는가? 네트워크 마케팅에서는 단시간에 정상에 오를 수 있는 자격만 갖추고 있으면 소득도 그에 따라 올라가게 된다. 상위 후원자가 얼마 만큼의 소득을 올리고 있는지는 상관이 없다. 신규 가입 회원 중 많은 사람들은 금새 후원자를 능가하는 실적을 올리고 있다. 또 당신이 올릴 수 있는 수당에는 상한선이 없다. 계속 성과를 올리는 대로 소득도 계속 올라갈 뿐이다.

가용 소득 증가

돈을 어떻게 다루느냐에 따라 그 가치가 증대될 수도 있고 감소할 수도 있다. 자신의 진짜 소득 수준을 이해하기 위해서는 명목 소득만을 볼 것이 아니라 이와 관련된 모든 비용과 절약 요소들도 고려해야 한다. 예를 들어 연봉이 각기 2만5천 달러인 직업 두 가지를 동시에 갖고 있다고 하자. 이 두 직업은 일견 똑같은 보수를 지급하는 것처럼 보일 수 있지만 좀 더 자세히 들여다보면 그게 아니라는 것을 알게 될 것이다. 한 쪽은 다른 쪽에 비해 근무 시간도 약간 길고 통근 거리도 멀 수 있다. 또 한쪽은 정장을 입어야 하는 반면 다른 쪽은 자유 복장을 해도 되는 수도 있다.

네트워크 마케팅 사업은 비용은 적게 드는 대신에 혜택은 더 많기 때문에 흔히 가용 소득을 더 늘릴 수 있는 방법으로 여겨지고 있다.

소득원 다각화

투자 시 분산 투자를 하는 것이 현명하다는 것은 모두가 알고 있다. 그러나 소득원을 다각화하는 것도 그만큼 중요하다는 사실도 알고 있는가? 네트워크 마케팅은 여러 소득원을 창출할 수 있는 간단하고 독창적인 방법을 제시한다.

네트워크 마케팅에서는 자기의 영향권 내에 있는 사람들에게 자신의 사업에 대해 알리는 것만으로도 여러 소득원을 확보할 수 있다. 새 회원을 가입시킬 때마다 새로운 소득원을 개발하는 것이 된다. 그 회원은 또 다른 회원들을 가입시키게 되고 그 과정이 계속 반복될 것이기 때문이다.

권리 수입

권리 수입(혹은 잔여 소득)이란 자신이 수 개월 전 혹은 수 십년 전 한 일에 대해 나중까지 보수를 받는 것을 의미하며 이렇게 볼 때 발명가, 작가, 작곡가들은 모두 잔여 소득을 얻고 있다. 네트워크 마케팅 판매원들도 마찬가지이다. 이는 현재 하는 일과는 상관 없는 별도의 수입원으로 네트워크 마케팅의 가장 큰 매력 중 한 가지이다.

로빈 코헨은 잔여 소득에 대한 설명을 듣고 며칠 동안 밤에 잠이 안 왔다고 한다. 당시 연간 700~800만 달러 규모의 해산물을 판매하고 있으면서도 하루만 쉬어도 수입이 줄어드는 형편이었으므로 잔여 소득 개념을 이해하는 순간 인생 행로를 바꾸기로 했다는 것이다.

잔여 소득 원리는 수선화 구근이 늘어나는 것과 마찬가지 이치이다. 가을에 수선화 구근을 심으면 다음 해 봄에는 꽃이 만발하며 구근이 더 늘어난다. 이 과정이 수년간 반복된 후에는 수선화 구근이 거대한 지역으로 퍼져나가게 된다.

이 구근처럼 네트워크 마케팅 사업도 자연 성장하는 경향이 있다. 한 사람을 확보하면 그 사람이 또 다시 여러 명을 불러들이고 자신도 모르는 사이에 거대한 조직이 형성되는 것이다.

또 네트워크 마케팅에서는 전혀 생각치 못했던 사람들이 조직의 귀한 일꾼이 될 수도 있다. 수잔 웨이틀리가 회사의 호주 진출을 돕기 위해 호주를 방문 중일 때 머물고 있던 호텔의 하녀가 수잔의 일에 대해 물었다. 수잔의 지도로 일을 시작했던 그 하녀가 이제는 회사 내 최고 사업자로 성장하여 수잔의 추가 소득원이 됐다.

수당 제도에 대한 이해

네트워크 마케팅 수당 제도를 처음 접하면 두려움을 느끼게 되는 경우가 많다. 그게 다 무슨 뜻일까? 수당 제도를 이해하지 못하면서도 성공할 수 있을까? 수당 제도를 완전히 파악하기도 전에 활동을 시작해도 되는 걸까? 자기는 아직 모르지만 내부 사람들은 아는 속임수 같은 것이 있는 것은 아닐까?

수당 전문가와의 인터뷰

더그 클라워드는 네트워크 마케팅 업계에서는 수당 제도 개발 전문가로 널리 알려져 있다. 네트워크 마케팅/직접 판매 업계에서 지난 25년간 활동하며 더그는 여러 다른 네트워크 마케팅 회사들을 위한 각종 수당 시스템을 만들어냈다. 따라서 그는 수당에 대해서 뿐 아니라 어떤 경우에 성공하고 어떤 경우에 실패하게 되는지도 잘 알고 있다. 다음은 더그 클라워드가 인터뷰를 통해 네트워크 마케팅 수당 제도에 대해 밝힌 것이다.

Q. 사업 초기에 수당 제도에 대해 잘 모를 경우에도 사업 활동을 시작해야 할까요?

A. 물론입니다. 이 사업에서의 성공 여부는 네트워크 구축 능력에 달려있는 것이지 수당 제도 이해가 중요한 것은 아닙니다. 수당에 대해서는 판매수당같이 가장 기초적인 것부터 배워나가기 시작하면 됩니다. 사업 성장을 위해서는 앞날을 내다보고 다음 등급으로 올라가기 위해 해야 할 일을 생각하는 것이 좋습니다.

Q. 처음에는 어디에 중점을 둬야 할까요?

A. 고객 기반을 다지는 일부터 시작하십시오. 그러면 여러분이 가입시킨 사람들도 여러분을 따라 하게 됩니다. 회원 개개인이 모두 탄탄한 고객 기반을 갖춘다면 건실한 조직이 되겠지요.

Q. 수당을 늘리기 위한 중요한 방법 같은 것이 있습니까?

A. 있습니다. 일정 수준의 판매량을 계속 유지하는 것이 가장 중요합니다. 진짜 좋은 제품을 찾아 실제 고객들에게 공급해야 합니다. 그러면 고객들이 계속 이용하게 되지요. 또 달성할 수 있긴 하지만 그래도 약간 무리이다 싶은 수준에서 목표를 세워야 합니다. 기본 판매량을 유지하면서 조직을 키우면 성공할 수 있습니다.

Q. 이 일을 정말 잘하는 사람들은 뭔가 특별한 점이 있을 것으로 생각하기 쉬운데, 어떻습니까?

A. 그렇습니다. 성공하는 사람들은 꾸준한 사업 기조를 유지하는 사람들입니다. 판매원으로 성공하는 사람들은 거의 매일 일하고 있습니다. 많은 사람들을 접촉하지요. 그러나 특별한 비법 같은 것은 없습니다. 밖에 나가 자꾸 사람들에게 말을 전하는 것만이 방법입니다.

Q. 성공하려면 정말 팔고 싶은 제품을 찾는 것과 가장 유리한 수당 조건을 찾는 것 중 어느 것이 더 중요한가요?

A. 둘 다 중요하기는 하지만 남들에게 기꺼이 권하고 싶은 제품을 찾는 것이 가장 중요합니다. 일단 좋은 제품을 선정하여 판매에 힘을 쏟다 보면 수당은 자연히 늘어나게 됩니다.

Q. 그룹을 넓고 깊이 키운다는 것은 무슨 뜻인가요? 또 어느 쪽이 더 중요한가요?

A. 자신이 직접 모집한 회원들이 많을 경우에는 그룹의 폭이 넓어집니다. 반면 자신이 모집한 회원들이 연쇄적으로 하위 회원을 모집하여 회원 층이 늘어날 경우에는 조직의 깊이가 더욱 깊어지게 됩니다. 보통 조직의 폭은 수익성, 깊이는 안정성과 연결돼 있습니다. 시간이 제한돼 있어 어쩔 수 없이 두 가지 중 하나를 선택해야 한다면 조직을 넓게 키우는 편이 좋습니다.

Q. 사업 성공을 위해서는 고객 확보와 회원 모집 중 어느 쪽이 더 중요할까요?

A. 둘 다 중요합니다. 물건을 팔 고객을 물색하면서도 늘 사업을 할만한 회원 후보에도 신경을 써야 합니다. 탄탄한 고객 기반이 없다면 사업이 성공할 수가 없습니다. 사업 수당이 이들에게서 나오는 것이니까요. 한편 하위 파트너들은 잔여 소득의 원천입니다. 자신이 일군 그룹 조직이 커질수록 전체 소득 중 사업 수당 비중은 줄어들고 잔여 소득 비중이 늘어나게 됩니다.

Q. 월별 그룹 목표는 어떻게 세워야 할까요?

A. 이는 사업의 건전성을 위해 아주 중요합니다. 그룹 목표를 너무 낮게 잡으면 이익을 낼 수가 없고 그렇다고 너무 높게 잡으면 달성할

수가 없어 포기하게 됩니다. 일반적으로 회원 한 사람 당 월 200~500달러 (25만원에서 65만원) 정도를 적정선으로 잡고 있습니다. 그러면 너무 무리하지 않고 그룹 목표를 달성할 수 있습니다.

Q. 회사에 따라 수당이 크게 차이가 나는 이유는 무엇입니까?

A. 비싼 물건은 싼 물건보다 수당 비율이 낮을 수 있습니다. 예를 들어 제품 가격이 500 달러일 경우에는 50 달러일 때보다 수당 비율이 낮겠지요.

Q. 어느 시점에 이르면 제품 소개 일은 그만 두고 그룹을 이끄는 일에 전념하게 될까요?

A. 네트워크 마케팅은 개인소매, 사업자 모집, 사업자 훈련, 그룹관리 등 4가지 활동에 대해 수당을 지급하게 됩니다. 사업 초기에는 주로 제품 소개에 주력하다가 사업이 성숙하게 되면 조직을 통솔하는 일에 더 주력하게 되겠지요. 그러나 잘 될 때도 있고 안 될 때도 있는 사업을 지켜 나가기 위해서는 적어도 자기 시간의 25% 정도는 제품 소개에 할애해야 합니다. 그룹에서는 모든 사람들이 리더가 하는 대로 따라 간다는 사실을 기억하십시오. 또 어떤 사업이든 성공하기 위해서는 꾸준한 실적을 유지하는 것이 기본입니다.

네트워크 마케팅은 엄연한 사업이다!

네트워크 마케팅 사업을 새로 시작한 사람들을 위한 릴리 윌릭의 충고를 들어보자. 릴리 윌릭은 경리, 사무장 등의 일을 한 경력이 있으며 네트워크 마케팅 사업의 재정적 측면에 대해 잘 알고 있다.

우리 부부가 처음 사업을 시작했을 때 우리는 일단 처음 3개월 동안은 무조건 최선을 다한 후 다시 생각해 보기로 했다. 이제 다시 시작한다면 아마 훨씬 구체적인 사업 계획을 세울 것이다. 규모와 상관 없이 사업을 할 때는 사업 계획부터 세워야 하며 사업 계획에는 최소한 다음 사항들이 포함되어야 한다.

사업 목표: 달성하고자 하는 목표가 무엇인가? 휴가 자금 조달? 현 수준의 소득? 자산 소득을 위한 상당 수준의 자금 마련? 그리고 어느 정도의 시간을 할애할 예정인가?

목표 달성을 위한 구체적인 단계별 계획: 어느 정도의 수입이 필요한지를 결정한 후 월간 계획 수립.

활동 요일 설정: 네트워크 마케팅 일에 전념할 수 있는 요일을 정하고 시간을 현명하게 사용할 수 있도록 한다. 훌륭한 파일 시

스템과 눈을 끄는 광고지도 중요하지만 돈을 빨리 벌고 싶다면 밖에 나가 직접 사람들과 부딪히는 것이 가장 필요하다. 나가서 알리고 고객을 찾는 노력을 계속해야 한다.

가족의 동의: 사업 계획을 통해 가족들에게 돌아가는 혜택을 설명하라. 또 달성할 목표를 알리고 이를 위해 얼마 만큼의 시간을 할애해야 하는지를 말하라. 그러면 저녁식사 준비가 좀 늦어도 가족들이 그 이유를 알 수 있고 또 가족의 지원이 있어야 목표를 순조롭게 달성할 수 있다.

우리 회사 사업자들이 다니던 직장은 언제쯤 그만두는 것이 좋을지를 물어오면 나는 항상 아주 신중하게 하라고 조언한다. 너무 성급하게 움직였다가 일이 계획대로 풀리지 않을 경우 고통을 받을 수 있기 때문이다. 네트워크 마케팅이든 아니면 다른 사업이든 그런 위험을 감수하고 싶지는 않을 것이다. 직장 생활을 계속하면서 네트워크 마케팅 사업을 하려면 힘이 더 들 수는 있지만 스트레스는 덜할 것이다. 대신 근무 시간을 좀 줄이도록 해 볼 수 있다. 우리 직종 경우에 네트워크 마케팅 사업 수입이 일반 직장 수입 수준에 오르려면 대략 2~5년 정도가 소요되는 것으로 보고 있다. 그래도 일단 뛰어들어 해 보고 싶고 또 그럴 여유가 있는 사람들은 적어도 이게 쉬운 일이 아니라는 점은 기억해야 한다. 명확한 목표와 잘 정리된 실행 계획을 가지고 사업에 임해야 한다.

또 재미 있게 일하라고 권하고 싶다. 재미를 느낄수록 더 많은 사람들을 모을 수 있을 것이다.

네트워크 마케팅을 어떻게 이끌어가느냐는 순전히 당사자들에게 달려 있다. 분명히 쉽게 돈을 벌 수 있는 것은 아니다. 그러나 재주도 있고 열의와 의지가 강하다면 본인이 상상했던 것보다 훨씬 더 많은 것을 성취할 수 있다.

100번의 성공 기회

이름: 마거리트 성
취급 제품: 화장품, 모발 제품, 구강 제품 등
사업 경력: 12년
성취 내용: 자기 판매조직을 통해 20명 이상의 백만장자를 배출했다. 결혼 생활 28년
째를 맞는 마거리트 부부는 사업을 하며 그 어느 때보다 친밀해졌다.

마거리트 성의 사업은 이들 부부뿐 아니라 이 그룹에 들어온 사람들 중 20명 이상을 백만장자로 만들었다. 그녀의 비결은 무엇일까? 그것은 패기이다. 단순하고 순수한 패기이다. 마거리트의 초기 프리젠테이션은 너무 긴장돼 있었고 별 성과를 못 거두었다. 그러나 그녀는 계속해서 노력했다. 가족과 친구들이 말렸지만 그녀는 결단을 내렸다. 일본말을 하나도 못하면서도 일본에서 크고 성공적인 그룹을 키웠다. 홍콩에서 살아본 적이 없으면서도 홍콩에서 가장 큰 규모의 그룹을 갖고 있다. 이민자로 아직 중국 액센트가 약간 남아 있지만 마거리트의 미국 내 사업 그룹은 미국에서 가장 크다. 패기와 끈기가 마거리트의 비결이라고 할 수 있다.

마거리트의 꿈은 그녀가 본 집에서 시작됐다. 매릴랜드 포토맥의 골프장 단지 안에 있는 멋진 집이었다. 침실도 크고, 거실도 컸으며 주변 환경은 조용하고 좋았다. 당연히 주택융자금 액수도 컸다. 남편에게 더 크고 아름다운 새 집이 필요하다는 것을 설득하기는 했지만 더 어려운

문제는 집값을 낼 방법을 찾는 것이었다.

아들의 유도 선생님이었던 왕헝타이 박사가 여러 번 제품 및 사업 기회 설명회에 오라고 초대했지만 마거리트는 매번 거절했다. 그런데 세 번인가 네 번쯤 초대를 거절했을 때 마음에 꼭 드는 집을 보게 됐고 그래서 마거리트는 이 '사업 기회 설명회'에 마음을 열어보기로 했다. 마거리트는 아직도 기억이 생생하다. 당시 큰 항공사에서 컴퓨터 프로그래머 일을 하고 있던 그녀는 이직을 생각해야 하는 상황이었다.

왕 박사의 프리젠테이션에 참석한 마거리트와 남편의 눈에 처음 띈 것은 왕 박사가 동년배의 남자들보다 훨씬 머리 숱이 많고 건강해 보인다는 점이었다. 게다가 시작한지 4개월밖에 안됐는데 월 수입이 2,400달러라는 왕 박사의 말에 관심이 생겼다. 물리화학 박사이고 지적 능력이 뛰어난 것은 틀림 없지만 왕 박사가 타고난 세일즈맨이 아닌 것은 금방 알 수 있었다. 그런 사람이 할 수 있다면 자기들도 할 수 있을 것 같다는 생각이 들었다. 그렇다고 금방 성공을 기대한 것은 아니었다.

회원으로 등록한 후 마거리트는 프리젠테이션을 100번 한다는 목표를 세웠다. 100번쯤 하면 잘 할 수 있을 것 같았기 때문이다. 처음에는 겁이 났지만 그래도 회가 거듭될수록 점점 나아졌다. 사업 초기에 특히 일이 잘 안 풀릴 때 그 목표 덕분에 낙담하지 않고 계속할 수 있었다. 마거리트는 꾸준히 일을 계속했다. 실수를 통해 배우며 점차 기술이 향상됐고 마침내 계획대로 됐다.

마거리트의 다음 목표는 해외 여행이었다. 중국에서 태어나 17살 때 미국으로 오기까지 대만, 프랑스, 다시 대만 등 여기저기 옮겨 다녔기 때문에 마거리트는 늘 여행을 하며 컸다. 항공사에서 일할 때는 직원 할인 혜택 덕분에 온 가족이 전세계를 여행할 수 있었다. 항공사를 그만두고 자기 사업을 하면서도 마거리트는 여행 다니는 것을 포기하고 싶지는 않았다. 이 사업에 끌린 것도 회사가 국제적으로 사업을 하고 있었기 때문이었다. 국제적으로 사업을 할 가능성이 있다는 것을 그녀는 금방 알아챌 수 있었다.

마거리트는 꿈을 실현하기 위해 노력할 준비가 돼 있었다. 처음 대만을 떠난 게 유치원 때로 더 이상 그곳에 친구나 아는 사람이 없었지만 그래도 그 곳에서 사업을 할 수 있었다. 마거리트는 아들이 다니는 메릴랜드 중국어 학교 자모들을 만나 대만에서 사업을 할 만한 사람들의 이름을 얻어냈다. 이름 몇 개와 잘 될 거라는 낙관론으로 무장한 채 마거리트는 대만으로 떠났다. 아직 아들들이 어렸지만 마거리트는 6주마다 대만에 가서 2주씩 머물며 사업을 키웠다. 마거리트는 일본말을 하지 못하지만 일본에도 거대한 판매조직을 갖고 있다. 일찍이 일본계 미국인 부부를 유치하여 이들에게 일을 맡겼기 때문이다.

현재 마거리트는 유럽과 브라질에서 사업조직을 개발하고 있다. 회사에서 일했더라면 이런 생활은 꿈도 못 꾸었을 것이라며 마거리트는 네트워크 마케팅이 자기의 꿈을 실현시켜줬다고 말한다.

마거리트가 꼽는 네트워크 마케팅의 좋은 점은 일반 회사와 다르다는 것이다. 프로그래머로 항공사에 취직한 몇 개월 후 마거리트는 대학을 갓 졸업한 남자 직원을 소개한 적이 있었다. 그런데 그 남자 직원은 마거리트 보다 높은 연봉 조건으로 채용됐다. 바로 상관에게 가서 따지자 그는 그 남자 직원은 부양할 가족이 있고 마거리트는 미혼으로 그럴 사람이 없다는 점을 조심스럽게 설명했다. 당시에는 그 말도 일리가 있어 보였지만 마거리트는 지금은 생각이 달라졌다. 사람들은 모두 자신의 기여도에 따라 보수를 받아야 한다고 마거리트는 강조한다.

"기업에서는 좋은 자리 몇 개를 놓고 항상 다른 사람들과 경쟁을 해야 합니다. 물론 여자 경우에는 더 열심히 노력해야 하고 또 그렇게 한다 해도 높은 사람들의 눈에 띄지 않을 수가 있지요. 요즈음에도 좋은 자리는 경쟁이 아주 심하기 때문에 회사에서는 사람들이 서로 시기하게 됩니다. 일을 잘해서 승진하는 사람을 왜 시기합니까? 네트워크 마케팅에서는 좋은 자리 숫자에 제한이 없기 때문에 유능한 사람들이 위협이 되지 않습니다. 실제로 나는 나보다 더 나은 사람들을 모집하고 싶어요. 그런 사람들이 성공할 가능성이 더 높으니까요."

마거리트가 1970년 대학을 졸업한 후 처음 항공사 일을 시작했을 때 그녀가 받은 연봉은 5천 달러였다. 그러다가 1990년 퇴직할 때는 한달 급여가 5천 달러였다. 다시 말하자면 연봉 5천 달러에서 월급 5천 달러로 올라가기까지 20년이 걸린 것이다. 반면 네트워크 마케팅 사업은 1988년 9월에 시작했는데 1990년 6월에는 이미 항공사에서 받던 월급의 2배로 늘어났다. 2년도 채 안된 기간에 0에서 1만 달러로 올라간 것이다. 이는 네트워크 마케팅에서나 일어날 수 있는 일이라고 마거리트

마거리트 성에게서 배우는 네트워크 마케팅 지혜

- **절대 포기하지 말라.** 사람들이 실패하는 가장 큰 원인은 너무 일찍 포기하기 때문이다.

- **기회는 끝까지 따라가야 한다.** 이 사업에서는 끝까지 최선을 다하는 것이 중요하다. 새로 시작하는 사람들은 그것을 깨닫지 못해 좋은 기회를 놓치게 된다.

- **거절 당하는 데 대한 두려움을 극복하라.** 여러분이 고급 레스토랑의 웨이트레스라고 가정해 보자. 손님들한테 커피를 권했는데 50%가 거절한다고 해서 울기라도 하겠는가? 물론 아닐 것이다. 네트워크 마케팅에서 사람들이 거절하는 것도 사실은 마찬가지로 판매원 개인의 능력과는 아무 상관이 없다. 또 사람들이 네트워크 마케팅이 대해 부정적인 태도를 갖고 있으면 이 사업에 대해 더 알아보라고 권하라.

- **꿈을 파괴하는 사람들을 경계하라.** 새로 사업을 시작했을 때 가장 친하고 좋아하는 사람들이 더 냉담한 반응을 보이는 경우가 있다. 그러나 그들 때문에 자신의 진로를 바꿔서는 안 된다.

- **자기보다 능력이 나은 사람을 모집하는 것을 두려워 말라.** 이 사업에서는 다른 사람의 능력에 위협을 느낄 필요가 없다. 다른 사람의 성공이 바로 자기 자신의 성공이 되기 때문이다.

- **사람들이 네트워크 마케팅에 대해 부정적이라는 사실은 각오를 하고 그 때문에 용기를 잃지 않도록 하라.** 내가 모집한 회원들 중 가장 잘하고 있는 사람들도 네트워크 마케팅에 대해 부정적인 견해를 갖고 시작한 경우가 있다.

는 말한다.

네트워크 마케팅에서는 모두가 성공할 수 있기 때문에 경쟁이나 그로 인한 스트레스 같은 것이 없다고 한다. 또 유리 천정 같은 것도 없기 때문에 여성들에게 이상적이라고 마거리트는 강조한다. 아무의 방해도 받지 않고 놀랄 만한 소득을 올릴 수 있다는 것이다.

수년 동안 남편 팻의 지원을 받을 수 있었던 것도 행운이었다고 마거리트는 말한다. 팻은 아이들의 학교 공부를 도와줬을 뿐 아니라 남자의 입장에서 설명하기 위해 제품에 대한 시범을 보이기도 했다. 팻은 마거리트의 월 수입이 자기의 연봉과 같아진다면 자기도 마커리트의 사업에 합류하겠다고 말했다. 다국적 석유회사의 선임 고문 변호사였던 팻은 자기 부인이 네트워크 마케팅에서 정말 그 정도 성과를 올릴 것이라고는 예상을 못했다. 그러나 1995년 10월 마침내 마거리트의 월 수입이 팻의 연봉을 넘어서게 됐다. 팻은 다음 해 2월에 퇴직했고 그 이후 사업은 부부 공동 사업이 됐다.

"많은 가정에서 부부들이 둘 다 너무 바빠 사이가 점점 멀어지고 있습니다. 또 부부 사이의 공동 관심사도 점점 줄어들고 있지요. 하지만 이 사업은 우리 부부를 더 가깝게 해줬습니다. 또 우리뿐 아니라 네트워크 마케팅 사업을 하는 다른 부부들도 마찬가지입니다. 어떤 사업자 말대로 결혼한 지 수년 만에 부부가 다시 데이트하는 기분이 든다고 해요. 우리 부부는 늘 서로 사랑하기는 했지만 지금은 그 사랑이 더 깊어졌어요. 그것보다 더 큰 소득이 어디 있겠습니까?"

마거리트로 하여금 네트워크 마케팅 사업에 뛰어들게 만든 그 욕심나는 집은 어떻게 됐을까? 지금은 마거리트의 부모님이 그 집에 살고 있으며 마거리트 부부는 근처에 자기들이 살 집을 또 하나 지었다고 한다.

CHAPTER 6

회사 선택

자유와 성취를 위한 열쇠

잭슨 브라운은 『인생의 작은 교훈』이라는 저서에서 "평생 반려자를 신중하게 선택하라. 행복과 불행의 90%는 이 결정에 달렸다."라는 명언을 남겼다. 결혼에 대한 이 충고는 네트워크 마케팅에도 그대로 적용될 수 있다. 모회사를 선택하는 것이야말로 가장 중요한 결정으로, 회사를 잘 선택하면 성공을 앞당기고 평생 결실을 누릴 수 있다. 반면 회사를 잘못 선택하면 실패나 좌절을 겪게 된다.

이번 장에서는 올바른 회사 선택을 위해 고려할 문제들을 4부로 나누어 설명하기로 한다. 우리 목적은 평생 사업 파트너를 선정하는 데 도움이 될 종합적 지침을 제공하는 것으로 여기서 다루는 모든 주제가 누구에게나 중요한 것은 아닐 수도 있다. 따라서 이를 그대로 따르기보다는 기본 지침으로 삼고 각자의 관심, 능력, 가치관, 목표 등에 맞추어 진로를 결정한다면 성공을 보장할 수 있는 회사를 찾게 될 것이다.

여러분은 열심히 팔고 싶은 제품을 발견하게 될 것이다. 같은 가치관을 가진 회사도 찾게 될 것이다. 자신에게 맞는 판매 시스템과 마음에 드는 수당 제도도 알게 될 것이다. 또 좋은 후원자도 만나게 될 것이다. 지금 철저한 연구를 하면 평생 그 혜택을 누릴 수 있는 것이다.

유감스럽게도 네트워크 마케팅에 진출하는 사람들이 모두 사전 조사를 하는 것은 아니다. 어떤 사람들은 보지도 않고 뛰어들기도 한다. 물론 그렇게 하고도 잘 될 수도 있지만 선택하기 전에 모든 가능성을 조사했을 때만큼 성공이 확실하지는 못할 것이다. 네트워크 마케팅 일을 하고 있더라도 회사에 대해 공부하지 않은 사람들은 회사에 대해 많이 알지도 못하고 다른 회사들과의 차이점도 잘 모를 것이다. 지금 이에 대해 알아 두면 여러분이 사업을 시작하는 순간부터 크게 도움이 된다는 사실을 명심하라. 사전 조사는 여러분이 현명한 선택을 하는 데만 도움이 되는 것이 아니라 회원 모집 활동을 할 때 사람들에게 더 신뢰감을 줄 수 있다. 네트워크 마케팅에서 성공하기 위해서는 현명한 선택을 하는 것이 가장 중요한 첫번째 관문이다.

1부: 나에게 가장 중요한 것은 무엇인가?

나의 목표는 무엇인가? 약간의 가외 수입, 완전한 경제적 자유, 아니면 세금 혜택? 내게 필요할 것은 무엇인가? 좀 더 의미 있는 일, 집에서 할 수 있는 사업, 친구를 중심으로 키울 수 있는 사업, 일과 사생활 사이의 균형, 여행 기회, 남들의 인정, 아니면 이 모든 것을 다 갖춘 것? 내가 하고 싶은 일은 무엇인가? 건강 식품, 요리, 실내 장식, 피부 미용이나 화장품, 아니면 기술 관련?

목표 세우기

연필과 종이를 준비해 맨 위에 네트워크 마케팅을 통해 얻고 싶은 것들을 모두 적어보자. 가슴 깊은 곳에 감춰져 있는 욕망까지, 모든 것이 다 드러날 때까지 계속 적도록 한다. 내부에서 울리고 있는 이 초조한 목소리는 무엇인가? 무엇이 나를 가장 행복하게 만들 것인가? 현실적으로 이 일에 얼마 만큼의 시간을 할애할 수 있는가? 이 모든 생각들이 자연적으로 흘러나오게 하자.

이 연습을 통해 더 현명하고 충분한 검토를 거친 선택을 할 수 있게 된다. 이 생각들은 또 일단 사업을 시작한 후에는 어디에 노력을 집중할 것인지를 알 수 있게 해 준다.

자신의 목표를 더 분명히 하기 위해 희망사항 리스트를 만들어보라. 자기가 갖고 싶은 것을 담은 잡지 사진 같은 것을 오려 둔다. 새 자동차, 새 집, 자신감, 경제적 자유, 집에서 하는 사업 등 무엇이든 될 수 있다. 실제 그림을 통해 자신의 목표를 보면 더 현실감이 생기게 된다. 뭐든지 가능하다고 가정하고 스스로에게 자신이 원하는 것은 무엇인지를 물어 보라.

일단 자신이 원하는 것을 확인하고 나면 그 목표를 달성할 기회를 줄 수 있는 회사를 찾아라. 예를 들어 원하는 것이 경제적인 것이라면 경제에 초점을 맞추라. 정상에 올라가기를 원하면 수당 방식이 실적이 가장 좋은 회원들에게 유리하게 돼 있는 회사를 찾으면 된다. 파트 타임으로 밖에 일할 수 없지만 그래도 돈을 많이 받고 싶으면 소규모 사업자들에게 유리한 수당 제도를 가진 회사를 찾아야 한다. 당신이 목표로 하는 월 수입을 올리기 위해서는 얼마 만큼의 노력을 기울여야 하는지를 생각해 보라. 또 계속적인 물품 판매가 가능하도록 소비 제품을 취급하는 회사를 찾는 것이 중요할 수도 있다.

또 주요 동기가 전적으로 경제적인 것만은 아닐 수도 있다. 가령 정신적으로 의미 있는 일을 하는 것이 더 큰 목표일 수도 있는데 그럴 경우에는 회사의 성격과 취급 제품에 대해 더 자세히 조사해야 한다. 개인적 가치관 등 회사 경영주에 대해 최대한 알아보라. 회사가 어떤 자선단체를 지원하고 있는지, 또 어떤 좋은 일을 하고 있는지 알아보라. 제품에 대해서도 공부하라. 자동차 관련 제품이라면 차량 수명에까지 변화를 줄 수 있는 것인지, 아니면 그냥 광택이나 내는 것인지? 광택제라면 환경친화적 제품인지? 이렇게 들여다보면 여러분에게 중요한 문제들이 많이 보일 것이다.

네트워크 마케팅 사업을 하는 중요한 이유 중 하나는 친구들과 일할 기회를 갖게 되고 또 새 친구들도 많이 만나게 돼 더 활발한 사회생활을 할 수 있다는 점이다. 만일 이것이 목표라면 회사 미팅에 참석하여 사람들이 자신과 공통점이 있는지를 확인하라. 또 자신과 가치관이 같으며 영감을 얻을 수 있는 회사 간부를 찾기 위한 노력도 해볼 만하다. 요컨대 자신에게 중요한 문제에 대해 집중적으로 알아보는 것이다.

네트워크 마케팅 사업을 위한 투자

네트워크 마케팅의 큰 매력 중 하나는 창업 비용이 적다는 점이다. 건강식품 회사인 GNC 가맹점 사업을 하기 위한 초기 투자액은 약 112,000 달러에서 197,000 달러 사이이다. 또 다이어트 전문 회사인 제니 크레그 가맹점 창업 비용은 150,000 달러에서 314,000 달러까지 든다. 이에 비해 네트워크 마케팅 사업은 이미 인정을 받고 경쟁력이 있는 건강식품 제품이든 최신 기술을 이용한 종합 다이어트 프로그램이든 100 달러 미만에 시작할 수 있다.

12년 동안 피부관리 상담원으로 활동하고 있는 릴리 윌릭은 네트워크 마케팅을 시작하기 전에 남편과 함께 수년간 다른 분야에서 사업 기반을 닦기 위해 애를 썼다. 고객도 많고 주문도 만만치 않은 등 겉으로는 잘되는 사업 같았지만 실제로는 수입보다 경비 지출이 더 많았다. 릴리는 다른 사업을 해보고 난 후라 네트워크 마케팅 사업이 아주 괜찮다는 걸 금방 알 수 있었다고 말한다.

제품들은 보자마자 마음에 들었지만 그래도 그녀는 회사 미팅에 참석할 때까지는 이것이 좋은 사업 기회라는 확신을 갖지 못했다. 미팅에 참석하자 직접 사업을 하는 사람의 입장에서 모든 것을 다시 볼 수 있었다.

제품은 사람들이 이미 사용하고 있는 것이고 또 떨어질 때마다 계속 사야 하는 것이므로 가게 대신 자기한테서 사도록 설득하기만 하면 되는 것이었다. 일단 그녀에게서 물건을 사기 시작한 사람들은 단골이 됐다.

이 정도 소자본으로 자기 사업을 시작할 수 있다는 것은 좋은 일이다. 그러나 네트워크 마케팅에서 정말 중요한 투자는 돈보다 시간과 노력이라는 점을 이해할 필요가 있다. 그러므로 창업 비용이 적다는 이유로 성급히 뛰어들기 보다는 시간과 노력을 어느 정도 투자해야 하는지 고려하고 회사를 잘 선택해야 한다.

2부: 회사 선택시 고려할 사항

네트워크 마케팅 사업에서 성공하기 위해서는 무엇보다도 열의가 가장 중요하다. 지식, 경험, 사업 수완, 연줄, 영향력보다는 순수하고 진정한 열의를 갖고 있는 사람이 훨씬 더 잘 할 수 있다. 그러므로 본인이 정말 열의를 느낄 수 있는 제품을 가진 회사를 찾는 일이 가장 중요한 것이다.

원하는 제품 찾기

상품은 자기가 관심이 있는 것을 골라야 한다. 자신에 대해 생각해 보자. 색다른 요리 하는 것을 즐기는 편인가? 서랍 하나를 화장품과 스킨케어 제품들로 가득 채워놓고 있는가? 인터넷이나 최신 기술에 가장 관심이 많은가? 먹거리에 관심이 많은가? 재활용에 열심인가? 중요한 것은 자신에 대해 생각해 보고 자기가 관심을 갖고 있는 제품을 취급하는 회사를 찾는 것이다.

회사 선택을 하기 전에 우선 몇 개 회사들을 실제로 시험해 볼 수 있다. 상품을 주문하고, 카탈로그를 살펴보고, 고객 서비스부에 전화를 해 제품 보증, 가장 잘 팔리는 상품, 우수 회원 등에 대해 물어보라. 물론 더 많이 물어볼수록 더 많이 배우게 될 것이다.

이를 통해 후보 회사를 3,4개로 좁힌 다음, 각 회사에 연락해 회사 안내 책자를 보내달라고 해 꼼꼼히 읽어본다. 비록 종이 몇 장에 지나지 않지만 문장 표현, 사진, 수치 등을 통해 회사에 대해 다음과 같이 많은 것을 배울 수 있다.

- 어떤 회사인가?
- 회사를 어떤 식으로 소개하고 있는가?
- 이 안내 책자를 남들에게도 보여주고 싶은 생각이드는가?
- 제품 광고가 현실적인가? 아니면 '힘이 전혀 들지 않는' 혹은 '신속한 감량' 등 좀 비현실적이지 않은가?
- 제품에 대한 긍정적 이미지를 제시하고 있는가?
- 회사가 내세우는 사명의식은 무엇인가?
- 카탈로그에서는 어떤 사람들을 소개하고 있는가?

회원이 되면 이 팜플렛들이 영업활동의 가장 중요한 수단이 될 것이라는 점을 명심하고 자신이 이에 공감할 수 있는지를 확인하라.

샌디 크리스텐슨은 카탈로그에 반해 사업을 시작한 경우이다.

"친구 차에 있던 카탈로그를 보자 회사에 대해 더 알고 싶어졌습니다. 제가 본 제품 카탈로그 중 가장 예뻤거든요. 예쁜 카탈로그 때문에 회원이 된 셈입니다."

사람들이 원하는 제품 찾기

상품을 선택할 때 첫번째 관문이 자신이 열심히 소개하고 싶은 물건을 찾는 것이라면 두 번째 관문은 그것이 남들도 좋아할 만한 제품인지를 확인하는 것이다. 일반적으로 사는 사람 입장에서는 제품이 자기들의 필요와 욕구를 만족시키고 가격도 괜찮으며 일반 매장에서 사는 것보다 뭔가 유리한 점이 있기를 바랄 것이다. 이 때 네트워크 마케팅 회원이 강점이 될 수 있다.

네트워크 마케팅 회사들은 대부분이 건강보조식품, 비누, 샴푸, 화장품, 세제, 통신서비스, 다이어트 제품 등 계속 소비하는 일상용품을 취급하고 있다. 따라서 일단 고객이 된 사람들은 지속적으로 물건을 구입하게 돼 있다.

마음에 드는 제품이라도 가격 경쟁력이 있는지를 확인해야 하므로 일반 소매가와 네트워크 마케팅회사 제품의 가격을 비교해 보라. 단 어떤 제품의 경우에는 해당 네트워크 마케팅 회사에서만 취급하는 것으로 비교할 경쟁 상대가 없을 수도 있다.

다음으로 고려할 것은 일반 소매시장에서는 얻을 수 없는 독특한 이점을 제공할 수 있느냐 하는 것으로 이것이 가장 중요한 문제이다. 사람들이 이미 매일 사서 쓰던 물건일지라도 가게에 가는 대신 여러분한테서 사게 하기 위해서는 뭔가를 보여줘야 하는 것이다. 이 때 물건을 직접 써보고 아는 사람으로서 여러분의 역할이 특별한 강점이 된다. 여러분이 추천하는 제품이 다른 것들과 어떻게 다른지를 잘 알고 이에 대해 명확히 이야기할 수 있어야 한다.

자신에게 적합한 수당 제도 찾기

수당 제도는 별도로 책 한 권을 쓸 수 있을 정도로 내용이 복잡하다. 또 한 전문가가 최고라고 평가하는 제도에 대해서도 다른 전문가는 완전히 반대 의견을 가질 수도 있다. 또 어떤 수당 제도가 한쪽 면에서 훌륭하다면 다른 면에서는 약점이 있을 수 있다. 가령 어떤 회사가 이익을 전부 회원들에게 돌려준다면 고객 서비스, 각종 행사, 구매 제품에 대한 교육 등 판매 지원 프로그램들은 희생될 수밖에 없다. 일부 회사들은 너무 과도한 수당을 지급하다가 사업을 유지하지 못하고 망한 경우도 있다는 것을 명심해야 한다.

다음에는 회사가 어떤 수당 제도를 사용하고 있는지를 알아봐야 한다. 이미 3장에서 다음 4가지 유형의 수당 제도를 설명한 바 있다.

- 계단식 수당/브레이크어웨이(breakaway)수당: 판매원에게 유리하지만 복잡하다.
- 단일(unilevel) 수당: 간단하지만 제한돼 있다.
- 행렬식(matrix) 수당: 판매 조직 성장을 제한한다.
- 이원화(binary) 수당: 조직의 균형 성장을 위한 관리가 필요하다.

건축업자들은 집 건축을 의뢰하는 손님들에게 건축에는 품질, 주택 규모, 건축 비용 등 세 가지 요소가 있는데 손님은 그 중 두 가지만 고를 수 있다고 말하고는 한다. 네트워크 마케팅 수당 제도도 비슷한 제한 요소를 갖고 있다. 사업 초기에 돈을 많이 받든지, 나중에 가서 많이 받든지, 아니면 꾸준히 고르게 받을 수 있지만 두 가지를 다 선택할 수는 없는 것이다.

따라서 어떤 회사의 수당 제도를 검토할 때에는 자신이 수당을 어떤 방식으로 받기를 원하는지를 먼저 생각해봐야 한다.

이 세 가지 방식은 모두가 장단점이 있다. 초기 수당이 높을 경우 회원들이 많이 가입하기는 하겠지만 이들이 사업 조직을 키우고 오래 머물게 하기 위한 경제적 보상책이 별로 없다는 것이 약점이다. 또 나중에 가서야 경제적 보상이 커지는 경우에는 강력한 리더가 될 소양이 있는 사람들이 들어오기는 하지만 그 수준에 못 미치는 사람들은 유치하기가 어렵다는 문제점이 있다. 그러면 처음부터 끝까지 꾸준한 수당 제도가 최상인 것처럼 보일 수 있지만 이 제도 역시 의욕이 크거나, 즉각적인 보상을 원하는 사람들을 모두 끌어들이기에는 역부족이다.

일반적으로 처음부터 돈이 필요한 사람들은 좀 더 전통적인 직접 판매 회사를 선택하는 것이 가장 안전하다. 이 회사들은 주로 직접 판매한 부분에 대해 수당을 많이 지급하고 자신이 모집한 하위 회원의 실적에 대해서는 수당이 적기 때문이다.

만일 당장 돈이 필요한 것이 아니라 무한정의 기회를 원한다면 계단식 수당/브레이크어웨이 수당 방식을 고려해 볼 수 있다. 그러면 자신의 사업 조직을 넓고 깊게 키울 수 있다. 그러나 큰 조직을 관리해야 한다는 부담이 이 방식의 결점이다.

수당 제도에 따라 회사를 선택하려면 이를 잘 파악하고 있는 사업자를 수소문하여 설명을 듣는 것이 필요하다. 이들에 대한 정보는 회사나 업계 잡지에서 얻을 수 있으며 이메일 주소 명단도 구할 수 있을 것이다.

그러나 만일 돈이 제일 중요한 고려사항이 아니라면 수당에 대해서는 그냥 회사를 믿고 다른 조건들에 초점을 맞춰 결정하는 것도 한 가지 방법이다.

좋은 후원자 찾기

자기 힘만으로 성공한 회원들도 많기는 하지만 성공한 사람들 대부분은 후원자를 가장 중요한 성공 요소로 꼽는다. 자신의 역할을 제대로 알고 있는 후원자라면 자신이 모집한 회원이 시스템을 더 빨리 익히도록 돕고, 지속적으로 동기를 부여하고, 문제점들을 해소해 주고, 노력을 인정하는 등 많은 일을 할 수 있다. 일에 대해 잘 알고 있고, 협조적이고, 헌신적이며 성실한 후원자를 찾을 수 있다면 성공은 훨씬 더 확실할 것이다.

회원과 후원자와의 관계는 아주 중요해서 어떤 경우에는 자신과 가치관과 소망이 같은 후원자 때문에 그가 있는 회사를 선택할 수도 있다. 지금은 거대한 조직을 이끌고 있는 마가렛 다나카는 바바라 라고니라는 후원자가 없었다면 그 모든 것이 불가능했을 거라고 말한다. 바바라는 마가렛에게 자신감이 생기기 훨씬 전부터 타고난 리더라며 그녀를 격려해줬고 바바라의 이와 같은 전적인 신뢰와 업무에 대한 지식은 초기에 아주 큰 힘이 됐다.

후원자가 꼭 가까운 곳에 사는 사람일 필요는 없다. 처음에는 그게 중요하게 보일 수도 있지만 실제로는 도움을 받을 수 있는 후원자가 더 중요하다. 전화, 인터넷 등 통신의 발달로 이제 언제든지 원할 때 연락을 할 수 있으므로 후원자는 거리보다는 능력을 우선시해야 한다.

좋은 후원자를 찾으려면 우선 회사 안내 책자를 읽어보자. 자신이 공감할 수 있는 경험담을 찾아보고 자기와 공통점이 있어 보이는 후원자를 찾아보자. 또 이미 확실하게 성공한 사람을 찾는 것이 좋다. 마음에 드는 후원자 후보를 찾았으면 회사를 통해 연락처를 알아낸 다음 당사자와 직접 접촉해 당신이 원하는 후원자인지를 확인한다.

좋은 회사 찾기

네트워크 마케팅에서 흔히 하는 말이 "자기 사업이기는 하지만 혼자 하는 사업은 아니다."라는 것이다. 회사는 엄청난 도움을 줄 수 있다. 회원들은 비교적 작은 초기 투자로 카탈로그, 주문서, 제품 샘플 등 사업에 필요한 많은 것들을 얻을 수 있다.

네트워크 마케팅 회사들은 또 고객지원부라는 부서를 통해 회원들이 자주 물어오는 문제들에 대한 해답과 제품에 대한 유용한 정보 등을 제공하고 있다. 회사의 고객 지원 부서가 수신자 부담 전화번호를 갖고 있는지 확인하고 여러 다른 시간대에 전화를 걸어 통화 대기 시간이 얼마나 걸리는지를 알아보라.

네트워크 마케팅 업계에서는 장기적 성공을 누리는 회사들도 많이 있지만 얼마 못 가는 회사들도 많다는 사실을 기억해야 한다. 여러분이 선택하는 회사가 살아 남지 못한다면 여러분 사업도 마찬가지일 것이다. 누가 성공하고 누가 못할지를 확실히 내다볼 수 있는 사람은 아무도 없다. 그러나 잘 알고 하는 선택이 성공 가능성이 더 높은 것은 부인할 수 없는 사실일 것이다.

어떤 회사에 대해 가장 먼저 접하게 되는 것은 그 회사의 영업용 카탈로그이다. 회원이 되면 브로셔, 카탈로그, 주문서와 그 밖의 많은 인쇄물들이 필요하게 될 것이다. 네트워크 마케팅 회사들은 회원들에게 이를 대부분 형식적 비용만 받고 판매한다. 인쇄물의 디자인, 내용, 인쇄 작업과 그 비용들은 대개 회사가 부담하고 있다. 인쇄물을 하나 만들어내는 데 드는 비용과 스트레스를 경험한 사람이라면 이것만으로도 얼마나 큰 혜택인지를 잘 알 것이다. 소규모 사업이면서도 대기업에서나 가능한 품질 좋은 인쇄물 자료들을 얼마든지 구할 수 있는 것이다.

회사는 또 회원에 대한 교육도 제공한다. 제품 교육은 후원자에게서 받는 것이 가장 좋지만 그것이 여의치 않을 경우에는 회사가 이를 대신할 수 있다. 보통 신규 회원을 위한 교육 자료는 비디오나 오디오 테이프, 제품과 사업 기회를 설명하는 인쇄물 자료 등으로 돼 있다.

마지막으로, 연애와 마찬가지로 첫눈에 좋아 보이는 것이 끝까지 좋은 것은 아니다. 꼼꼼히 따져보고 우수한 고객서비스, 질 높은 교육 프로그램, 신기술, 합리적인 보상 시스템 등을 통해 판매원들을 키워줄 수 있는 좋은 회사를 선택하는 것이 중요하다.

관심 있는 회사에 대한 언론 보도, 사업 연륜과 최근 성장 추세도 살펴봐야 한다. 또 가입을 고려하고 있는 회사의 재무 상태를 검토하는 것도 도움이 된다.

판매 방식 선택

네트워크 마케팅 판매 방식은 기본적으로 두 가지이다. 하나는 '파티 방식'이고 다른 하나는 1대1 직접 판매 방식이다. 수당 제도와 마찬가지로 판매 방식도 서로 다를 뿐 어느 한 가지가 다른 것보다 낫다고 말할 수는 없다.

파티 방식은 많은 사람들을 모아놓고 제품을 소개하는 것이다. 여기에는 호스트 프로그램이라는 것이 있어 파티에 참석하는 사람들을 초대하는 일은 다른 사람이 맡게 되기도 한다. 이 방식을 사용하면 고객을 직접 찾아 다니기보다는 파티를 주최하여 고객을 모아주는 호스트를 개발하는 일에 집중할 수 있다.

파티 방식은 옛날부터 있기는 했지만 요즈음 특히 인기를 얻고 있다. 지금은 주방용품 회사를 포함한 많은 회사들이 여성들이 좋아하는 파티 방식을 채용하여 제품과 서비스를 판매하고 있다.

1대1 직접 판매 방식에서는 고객 확보와 제품 소개를 회원이 모두 해야 하지만 특정 고객과 개인적으로 접촉하는 것이므로 제품 소개를 그 사람에 맞춰 할 수 있다는 것이 장점이다. 또 많은 사람들 앞에서 하기보다는 어떤 사람과 1대1로 이야기하는 것이 더 편할 수도 있다. 그러나 실제 고객을 다른 사람들이 모집해 주기 때문에 사람을 덜 찾아 다녀도 되는 파티 방식이 더 쉬울 수도 있다.

3부: 네트워크 마케팅의 함정

마가렛 다나카는 처음 사업을 시작할 때 겁나는 이야기를 많이 들었다. 네트워크 마케팅 사업을 하느라 농장을 날린 사람, 팔지도 못할 물건을 차고 가득히 쌓아두고 있는 사람, 극성 맞은 회원 모집 활동으로 '동네의 빈대'가 된 사람 등에 대한 이야기였다. 마가렛은 사업을 더 키우기 전에 네트워크 마케팅의 역사, 과오, 변화 등 더 많은 것을 이해하는 것이 필요하다는 것을 깨달았다. 여러 책자를 통해 네트워크 마케팅의 어두운 과거를 알게 되고 또 그에 대해 편안하게 터놓고 이야기할 수 있게 되자 놀랍게도 아무도 더 이상 그 문제를 물고 늘어지지 않았다고 한다.

직접 알아보는 것만은 못하겠지만 그래도 네트워크 마케팅에 대해 주의해야 할 몇 가지 함정의 예를 들어보겠다. 모든 네트워크 마케팅 회사와 회원들이 윤리적으로 사업을 하는 것은 아니다. 다행히 부도덕한 회사나 회원들은 쉽게 표가 나, 조금만 주의를 기울이면 금방 알 수 있다.

함정 1 ┃ 허술한 상품

네트워크 마케팅 사업의 중심은 상품이다. 질 좋은 상품과 경쟁력 있는 싼 가격을 빼면 아무 것도 없는 것이나 마찬가지이다. 상품 질이 낮고 값은 비싸다면 그 사업은 실패하게 돼 있다. 사는 사람의 입장이 되어 그 물건을 사고 싶을지 스스로에게 물어보라. 만일 사고 싶지 않다면 고객들도 마찬가지일 것이다. 제대로 된 상품을 저렴한 가격에 파는 회사를 찾아야 한다. 그런 상품이라야 팔 수 있고, 남들도 사고, 또 사업을 할 수 있는 것이다.

함정 2 ┃ 왜곡된 수당 제도

회원들에 대한 수당이 주로 상품 판매에 대한 것인지 아니면 주로 '다른 회원을 유치한 데' 대한 것인지를 살펴보라. 어느 네트워크 마케팅 회사에서든지 성공하자면 회원을 모집하는 것이 필수적이지만 그렇다고 회사 자금을 주로 회원 모집 수당으로 쓰는 것은 건전하지 않다. 만일 그런 경우라면 '피라미드 방식' 이 아닌지 확인할 필요가 있다.

함정 3 ┃ 비현실적인 과대 선전

만일 누가 허무맹랑할 정도로 번지르르한 조건을 내세우며 회원으로 유치하려고 하면 적당한 핑계를 대고 피하는 것이 현명하다. 다음이 그런 예들이다.

- 모 회사에 가면 금방 부자가 될 수 있다.
- 오늘이라도 회사를 그만 둬도 된다.
- 손 안대도 저절로 돌아가는 사업이다.
- 하위 회원 조직을 만들어 주겠다.
- 사람들 이름만 알려 주면 나머지는 내가 다 알아서 하겠다.
- 물건은 전혀 팔 필요가 없다.

네트워크 마케팅은 물건을 파는 사업이다. 어느 회사이든 그 기초는 상품이고 이를 팔아 이익을 내는 것은 당연히 힘드는 일이다. 어떤 말로 유혹하든 남의 사업을 대신 키워 줄 수 있는 사람은 아무도 없다. 또 하룻밤 사이에 성공할 수는 없으며 시간과 노력이 들어가야 한다. 누구든지 그런 말을 하면 경계해야 한다.

수잔 웨이틀리는 풀타임으로 사업에 매달렸음에도 불구하고 백만 달러 이상의 수입을 올리기까지 꼬박 5년 이상이 걸렸다고 증언한다.

당장 직장을 그만두고 본격적으로 네트워크 마케팅 일만 하고 싶더라도 좀 기다려야 한다. 초기 몇 개월간은 직장을 계속 다니며 파트 타임으로 판매조직을 키워보는 것이 좋다. 네트워크 마케팅 수입이 현 직장 수입 이상이 될 때 가서 전업을 결정하라. 이미 말했듯이 네트워크 마케팅 사업이 자리 잡기까지는 시간이 걸리기 때문이다.

함정 4 ┃ 과도한 초기 투자 요구

좋은 네트워크 마케팅 회사를 찾을 때 고려해야 하는 세 가지 주요 항목이 있다. 상품 가격, 신규 회원을 위한 교육 키트 가격, 초기 투자액 등이 그것이다.

상품 가격이 너무 비싸면 팔리지 않으므로 사업으로 키울 수가 없다. 회원이 되기 위해 물건을 사는 사람은 있을지 몰라도 진정한 의미의 고객들은 사지 않을 것이다.

신규 회원을 위한 교육 키트 가격도 너무 높아서는 안 된다. 제품 샘플과 교육 자료가 들어 있는 판촉 키트는 그 이상이 될 수도 있지만 회사 안내 책자나 사업 시작에 필요한 교육용 자료들은 그 이상이 되어서는 곤란하다.

과도한 초기 투자를 요구하면 피라미드 회사일 수 있다. 네트워크 마케팅 회사들은 모두 회원들이 판매할 상품을 직접 써보고 알게 되기를 원하기 때문에 초기에 약간의 투자는 필요하다. 그러나 제품에 대해 배우기 위한 것 이상의 투자를 요구한다면 문제가 있다는 표시일 수 있다.

4부: 최종 후보 회사들에 대한 25개 점검 사항

최종적으로 생각하고 있는 회사에 대해 좀 더 확신을 얻기 위해 다음의 25개 사항을 점검해보라. 물론 이보다 더 중요한 것들도 있을 수 있다. 가령 회사 안내 직원과 통화할 때, 회사 안내 책자를 읽을 때, 웹 사이트를 방문할 때 어떤 느낌을 받는가? 회사와 공감할 수 있는가? 회사의 수준, 진지성, 진실성 같은 것을 느낄 수 있는가? 바로 그 회사가 자신이 찾고 있던 곳이라는 느낌이 드는가?

여자의 육감도 회사를 선택하는 데 좋은 수단이 될 수 있다. 자기 내부에 있는 이 육감이 여러분을 좋은 회사로 이끌 수 있으므로 그 목소리에 귀를 기울여야 한다.

제품

1. 취급하는 제품은 어떤가? 소비제품인가? 이 회사에서만 있는 물건인가? 품질은 좋은가? 혁신적인가? 팔 만한 것인가? 가격은 적당한가? 일반 소매 상품과 경쟁력이 있는가? 누구나 필요하고 사용하는 물건인가?

2. 이 회사에서 가장 잘 팔리는 품목 3가지는 무엇인가?

3. 평균 주문 금액은 얼마인가?

4. 제품 보증과 반품 제도는 어떻게 돼 있는가?

회사 정보

5. 회사 경영주는 어떤 인물인가?

6. 유능한 경영진이 포진하고 있는가?

7. 몇 년이나 된 회사인가? 연간 매출액은 어느 수준인가? 최근 성장 추세는 어떤가?

8. 해외에서도 상품을 구입할 수 있나? 있다면 어떤 지역에서 구입이 가능한가? 아직 없다면 앞으로 해외로도 사업을 확장할 계획이 있는가?

9. 공신력 있는 협회에 가입해 있는가?

기술 관련

10. 회사의 웹사이트는 어떤가? 고객들에게 상품과 회사에 대해 많은 정보를 제공하고 있는가? 깊이가 있고 내용이 충실하다는 느낌을 주고 있는가?

11. 고객들이 온라인으로 상품 주문을 할 수 있는가? 회원 신규 가입 시 온라인으로 회원 등록을 할 수 있는가? 고객들이 온라인으로 제품에 대해 문의할 수 있게 돼 있는가? 상품 배달 시간은 얼마나 걸리나?

사업 운영 방식

12. 고객지원 부서의 업무 시간은 언제인가?

13. 상품은 어떤 식으로 배달하고 있나?

14. 배달료는 일률적으로 정해져 있는가, 아니면 지역에 따라 차등을 두고 있나?

15. 배송 센터는 어디에 있나? 배송 센터가 가까우면 배달료와 배달 시간을 줄일 수 있다.

회원 등록

16. 회원 등록 비용은 얼마인가? 초기 교육 키트에는 무엇이 들어 있나?

17. 신규 회원으로 하여금 필요 이상의 상품을 사도록 강요하고 있지 는 않은가?

고객 기반

18. 회원 수는 얼마나 되나?

19. 회사측은 회원 1인당 평균 수입에 대한 도표를 갖고 있나? 매월 보너스를 받는 회원은 얼마나 되나?

20. 단골 고객 확보를 장려하는 프로그램이 있는가?

회원 격려 프로그램과 보너스

21. 회원들을 위한 대회를 어디서 열고 있으며 참가 비용은 어느 정도인가?

22. 실적을 인정해 주는 프로그램이 있나? 보너스 프로그램이나 회원 교육 프로그램이 있나?

수당 제도

23. 수당은 어느 정도인가?

24. 500달러(약 65만원)를 벌려면 어느 정도의 노력을 기울여야 하나?

25. 주로 언제 수당을 많이 받을 수 있나? 시작 초기에, 나중에, 아니면 처음부터 끝까지 고르게 지급하고 있는가?

미래에 대한 투자

이름: 케리 린 버스컥
취급 제품 : 화장품, 피부관리제, 향수, 다이어트 식품 등
사업 경력: 29년
성취 내용: 29년이 지난 지금까지 변함 없이 좋아하는 일을 갖게 됐다. 연간 실적 25
만 달러 이상으로 회사 내에서 가장 높은 지위인 전국판매이사까지 올라
갔다. 회사에서 제공하는 보너스 여행을 통해 타이티, 몬테카를로, 이탈리
아, 그리스, 버뮤다, 런던 등 세계 곳곳을 다니고 있다. 사업, 가정, 종교 사
이에 균형 잡힌 생활을 하고 있다.

1972년 케리 버스컥이 처음 회사의 화장품 상담원이 됐을 때 사실 그
녀는 그 일에 어울리지 않는 편이었다. 나이는 19살밖에 안됐고 화장도
하지 않았으며 차림새도 작업복 바지에 티셔츠를 입고 있었고, 신발은
등산화에 망토 같은 것을 걸치고 있었다. 케리는 그 당시의 자신을 마약
만 안 하는 히피였다고 설명한다. 오늘날 그녀는 백만 달러 이상의 수당
을 벌어들인 판매원들의 모임인 백만달러 클럽 멤버이며 빠른 속도로 2
백만달러 클럽에 접근하고 있다. 또 자기는 대단한 일을 한 적이 없다고
겸손을 떨지만 아주 사소한 일도 진심으로 열심히 하는 태도를 보면 케
리가 실제로는 아주 특별한 여성임을 금방 깨닫게 된다.

케리는 남편이 아리조나 대학에 다니는 동안 빌리지 인 팬케익 하우
스라는 레스토랑에서 웨이트레스로 일하고 있었다. 결혼한 지 얼마 안
되는 상태로 가족들 곁을 떠나왔고 부부가 함께 지낼 시간도 거의 없이

생활비를 버느라 허덕이던 힘든 시절이었다.

빌리지 인 레스토랑의 웨이트레스들은 모두 일도 열심히 하고 성실했지만 주인은 직원들보다는 이익에만 신경을 쓰는 것 같았다. 하루는 하도 답답해서 캐시어한테 웨이트레스 일을 그만두고 가서 주방용품이나 팔아야겠다고 푸념을 했다. 이미 화장품 회사의 상담원으로 일하고 있던 캐시어는 그녀에게 주방용품 대신 화장품 사업을 해보라고 권했다. 당시 케리가 옮기려고 생각중이던 백화점 판매직의 시간당 임금은 겨우 2달러50센트였다. 그런데 화장품 상담원 일을 하면 시간 당 10달러 이상을 벌 수 있다는 것이었다. 당시에는 둘 다 싫었지만 그 중 덜 싫은 것을 고른 거였다고 케리는 말한다.

29년 전 화장품 사업을 시작하기 위해 필요한 금액은 250달러였고 케리가 그 정도 돈을 구할 수 있는 방법은 은행 융자뿐이었다. 케리는 진에 등산화 부츠 차림으로 은행에 들어가 은행 대출 담당 직원에게 자신의 사업 계획을 설명했다. 다행히도 그는 융자를 해주겠다고 했으며 단한 가지 달라진 조건은 융자금 금액을 50달러 더 늘리는 것이었다. 그 은행원은 화장품을 잘 팔 수 있으려면 케리가 옷을 좀 사야 할 것으로 보았던 것이다. 그래서 케리는 은행에서 빌린 돈과 적갈색 점퍼 스커트로 사업을 시작했다.

사업을 시작한 지 며칠 밖에 안됐을 때 레스토랑 단골 손님이었던 노부부가 케리 부부를 저녁식사에 초대했다. 케리의 남편은 케리가 일하던 레스토랑에 자기 그림을 전시하고 있었기 때문에 케리는 그들이 남편의 그림을 사고 싶어하는 것으로 생각했다. 그러나 이들 부부는 미식 축구에 취미를 붙이고, 서로 재미있게 지내고, 가능하면 말다툼을 하지 말라는 등 부부생활의 지혜를 알려주고 싶어 저녁에 초대했던 것이었다.

그런데 케리는 자신의 화장품 사업으로 세상을 바꾸고 싶다는 의욕에 넘쳐 있어서 그들의 말이 귀에 잘 들어오지 않았다. 식사가 끝나고 작별 인사를 한 후 노부부는 떠나고 케리 부부는 잠시 더 앉아 있었다. 그런데 몇분 후 노부부 중 남편이 손에 뭔가를 들고 다시 들어왔다. 300달러라고 쓴 개인 수표였다. 그는 케리가 그날 완전히 다른 사람처럼 보였다며 만일 그녀의 새로운 화장품 사업이 그 이유라면 꼭 지원해줘야 할 것 같았다고 말했다. 그는 케리에게 그 돈을 갚을 필요는 없고 일이 잘되면 다른 사람에게 대신 베풀라고 당부했다.

케리는 사업에 성공해서 그 귀한 선물에 보답하고 싶었지만 그렇게 되기까지는 수년이 걸렸다.

"일이야 항상 재미있었습니다만 처음 한 7년 정도는 자신감이 없어 사업을 꾸준히 벌여나갈 수가 없었습니다. 그러다가 회사가 내건 보너스 여행에 눈독을 들이게 됐지요. 그 덕분에 구체적인 행동 계획을 세우고 그 계획을 일관성 있게 추진하는 것이 중요하다는 것을 배우게 됐습니다." 일단 계획의 위력에 대해 알고 나자 큰 성과가 나타나기 시작했다. 케리가 사업을 시작하고 첫 20년 동안의 연간 소득은 평균 3만2천 달러였다. 그러나 사업을 한 지 29년이 되는 현재로 보면 전체 평균은 6

케리 버스컥에게서 배우는 네트워크 마케팅 지혜

- **당장 원하는 것을 위해 가장 원하는 것을 포기하지 말라.** 그 목표를 매일 두 번씩 읽어라. 자신이 진정으로 원하는 일에 집중하고 그에 방해가 되는 일을 해결하기 위해 노력하라.

- **모집하는 회원마다 큰 일을 할 것으로 기대하지 말라.** 이 사업에서는 소수의 사람들이 큰 일을 하며 대다수 사람들은 저조할 수밖에 없는 데 그래도 괜찮다. 내 조직에서 한 회원은 한 달에 60달러밖에 못 벌지만 그래도 가장 행복한 축에 속한다. 그녀는 그 정도만 벌어도 만족하고 또 내가 실적을 더 올리라고 채근하지 않는 데 대해서도 행복해 하고 있다.

- **전진을 위해서 내 쪽으로 끌어당겨라.** 윈스턴 처칠은 줄을 밀 수는 없지만 당기는 것은 어느 쪽으로든 할 수 있다고 말했다. 나의 목표는 사람들을 찾아 나서기보다는 그들을 내 쪽으로 끌어당기는 것이다.

- **코미디에서와 마찬가지로 타이밍이 아주 중요하다.** 어떤 때는 밀고 나가는 것보다 뒤로 물러나 기다리는 것이 더 효과적일 수도 있다. 사람들이 여러분에 대해 알게 될 시간 여유를 줘라.

- **하루만 더 기다려보라.** 사업을 그만둘 생각이 들더라도 하루만 더 기다려 보는 습관을 들여라. 많은 경우에 사람들은 정말 좋은 결과가 나오기 직전에 성급하게 그만두곤 한다. 정말 포기하고 싶더라도 하루만 더 미루고 기다려보라.

만8천 달러나 된다. 대학 졸업장이 없는 젊은 여자가 연간 평균 소득 6만8천 달러 이상의 일을 찾을 수 있는 곳은 네트워크 마케팅밖에 없다고 케리는 역설한다.

자기 일에 대해 되돌아보고 싶을 때 케리는 종종 자신의 엄마를 떠올린다. 케리의 엄마는 평생을 법률사무소 비서로 성실하게 열심히 일했다. 자신의 일을 좋아했고 상관인 변호사의 활동에 크게 기여했다. 그러나 지금 그 변호사는 사무실을 닫으려 하고 있어 70세나 된 케리의 엄마는 생계를 위해 다른 직업을 구해야 하는 처지에 있다. 수십 년을 직장에 헌신했으면서도 의지할 수 있는 밑천을 마련하지 못했던 것이다. 이와는 달리 네트워크 마케팅에서는 계속 의지할 수 있는 경제 기반을 쌓을 수 있다고 케리는 말한다.

케리가 자기의 성공 요인으로 꼽는 것들은 보통 네트워크 마케터들이 말하는 것과는 좀 다르다. 그녀는 좀 가벼운 마음을 갖는 것이 필요하다고 충고한다.

"이 사업은 재미있으면서 보람이 있어야 합니다. 자신의 성과에 너무 집착하는 대신 활동 그 자체에 초점을 두는 것이 좋습니다. 사람들에게 접근할 때에는 남들도 자기에게 그렇게 해줬으면 하는 방식으로 해야 합니다. 많은 것을 물어보고 시간을 충분히 들이도록 하세요. 이건 경주 같은 것이 아닙니다. 다른 사람들을 찾아 나서기보다 그들이 자연적으로 끌려들어오게 하는 방법을 생각해낸다면 모두 다 훨씬 더 성공할 것입니다."

29년 전, 인심 좋은 노부부는 가진 것이라고는 큰 꿈밖에 없는 젊은
여성에게 후한 선물을 했다. 지금 그 투자는 수십 배의 가치를 발하고
있다. 믿음에 바탕을 둔 그 300달러 투자금의 결실은 케리의 성공뿐 아
니라 케리의 판매 조직에 가입한 수천 여성들의 삶 속에서도 이어지고
있다.

CHAPTER 7

여성에 의한, 여성을 위한 회사들

여성친화적인 회사 찾기

너무 많은 회사들이 여성을 대상으로 한 마케팅 기회를 놓치고 있다. 또 진정으로 여성 정신이나 문화를 갖고 있기보다는 단순히 몇 가지 여성 우대 정책을 펴는 것으로 할 일을 다했다고 생각하는 회사들도 많이 있다. 네트워크 마케팅 회사들은 여성 판매원들의 관심을 끄는 제품이나 서비스를 갖고 있어야 하는 동시에 여성들에게 매력이 있고 적합한 사업 기회도 제공해야 하기 때문에 여성에 대한 마케팅이 중요하다.

사업을 키우고 인간관계를 쌓기 위해서는 많은 시간을 투자해야 하므로 처음부터 자기가 좋아하고 또 열의를 느낄 수 있는 회사를 찾는 것이 중요하다. 회사의 운영 방식, 혹은 회사가 어느 자선활동을 지원하느냐 하는 것이 관건일 수도 있고 아니면 판매원들의 실적에 대해 어떤 식으로 인정해주고 어떤 보너스 프로그램을 갖고 있는지 여부가 중요할 수도 있다. 또 그 밖에도 자신이 무엇을 원하느냐에 따라 다른 판단 기준이 있을 수 있다. 사업 기회를 찾는 여성들에게 좋은 정신적 친구이자 따뜻한 안식처 역할을 할 수 있는 회사를 선택하라.

여성 경영진

네트워크 마케팅 판매원 중 73%가 여성이기 때문에 여성 관련 제품을 판매하는 회사들은 경영진에도 이를 반영해 여성의 비중을 높여야 한다. 반면 통신 서비스, 건강보조식품 등 남녀 모두에 해당하는 제품이나 서비스를 판매하는 회사에서는 경영진의 남녀 비율을 비슷하게 유지하는 것이 적당하다. 이들 회사에서 여성의 역할과 책임을 살펴보라. 특히 기업의 가치관과 문화를 개발하는 부서는 여성들이 맡고 있어야 한다.

여성들은 고객과 회원 양쪽 모두에서 대다수를 이루고 있기 때문에 회사들은 이들을 절대로 무시할 수 없으며 여성들에게 초점을 맞춰야 한다. 상품, 사업 기회, 마케팅 계획과 과정 등이 여성들의 요구에 부응하고 이들의 마음에 들어야 한다. 그러기 위해서는 여성의 느낌과 생각을 이해하고 그들에게 중요한 것이 무엇인지를 아는 여성들을 회사의 중요한 자리에 많이 기용해야 한다.

경영 전문가인 톰 피터스는 여성 마케팅 전략은 여성을 대상으로 한 판매 기회를 활용하는 동시에 여성들에게 더 나은 서비스를 제공하기 위해 고위직 여성 비중을 높이는 등 동전의 양면을 다 갖추고 있어야 한다고 말한다. 다시 말해 네트워크 마케팅 업계의 정책 결정자들과 회사 경영진이 판매 인력 중 여성 비중을 경영에 반영하지 않는다면 이는 단순한 여성 우대 정책에 지나지 않는다는 것이다. 경영에서 충분한 대표권이 없다면 여성들은 네트워크 마케팅 업계를 진정으로 소유하고 있다고 할 수가 없다.

다행히 일부 직접 판매/네트워크 마케팅 회사들은 최근 몇 년간 크게 변했다. 또 여성들이 창업하여 아직 이끌고 있는 회사들이 엄청난 성장을 누리게 되며 회사의 규모와 매출액이 증가하는 것과 비례해 여성 간부들의 숫자도 늘어나고 있다.

네트워크 마케팅 회사 간부들의 조언

어떤 회사를 많이 조사하고 면밀히 관찰하는 것도 좋지만 직접 판매/네트워크 마케팅 회사에서 중책을 맡고 있는 여성들의 이야기를 들어 보는 것이 도움이 된다. 이들의 이야기를 직접 들어보면 네트워크 마케팅이 왜 여성들에게 좋은지, 회사들이 여성들을 유치하기 위해 어떤 혜택을 제공하고 있는지, 또 이 업계의 미래는 어떻게 보고 있는지 등에 대해 속속들이 알 수 있게 될 것이다.

샬린 녹스, 화장품 회사 판매 담당 부사장

네트워크 마케팅이 여성들에게 좋은 첫번째 이유는 자유롭기 때문입니다. 여성들은 여러 역할을 다 해야 하기 때문에 아무 때나 쉽게 스케줄을 바꿀 수 있어야 합니다. 일반 직장에서는 보통 일과 가정생활을 조화시킬 수 있도록 도와주지 않습니다. 그러나 네트워크 마케팅은 여성들이 일을 자기가 하고 싶은 만큼 할 수 있게 해 주지요. 네트워크 마케팅 사업에서는 어느 정도의 시간과 노력을 투자할지를 스스로 조절할 수 있습니다. 지난 10년간 이 사업을 시작하는 여성들의 숫자는 남성의 두 배 정도였습니다. 지금 미국에서만 여성 소유 사업체가 900만 개 이상이지요. 이는 여성들이 자신들의 일과 책임을 스스로 조절할 수 있기를 바란다는 사실을 대변하는 겁니다.

네트워크 마케팅은 또 여성들이 동료 사업자, 고객들과 교류할 기회를 줍니다. 여성들은 대부분이 천성적으로 사교적이므로 남들과의 교류 기회는 아주 큰 매력이 됩니다. 수퍼마켓이든, 헬스클럽이든, 어린이 놀이터든 여자들은 항상 친구를 사귈 기회를 찾고 있지요. 네트워크 마케팅에서는 보통 다른 사람들과의 관계를 통해 성공을 이룰 수 있습니다. 다른 사람들 덕분에 본인이 성공하거나 남의 성공을 돕는 것도 가슴이 훈훈해지는 일이지요. 여성들은 또 좋은 일에 나서 돕는 것을 좋아하는데 네트워크 마케팅 회사들은 그런 기회를 제공합니다. 우리 회사의 자선 활동은 여성들로 하여금 더 숭고하고 돈이 목적이 아닌 일에 참여할 기회를 줍니다. 친구에게 사업 기회를 소개하는 것이든, 고객에게 좋은 새 제품을 소개하는 것이든, 아니면 가치 있는 일을 추구하는 것이든 여성들은 남들의 삶을 향상시키는 일을 할 때 자신도 행복해집니다.

여성들은 네트워크 마케팅 회사들의 발전에 큰 영향을 끼치게 될 것입니다. 그러므로 기업들은 성공하자면 회원이자 고객이기도 한 여성들의 요구에 귀를 기울여야 합니다. 회사들은 여성들에게 선택권을 줘야 합니다. 제품뿐 아니라 제품 판매 방식도 선택할 수 있게 해줘야 합니다. 일부에서는 인터넷 등 하이테크 방식을 좋아하는 반면 다른 사람들은 인간적인 교류를 유지하고 싶어할 수도 있습니다. 중요한 것은 선택권을 주고 정확한 정보를 제공하는 것입니다. 여성들이 사업 운영 방식을 스스로 결정하도록 하면 고객들로부터 더 많은 사랑을 받게 될 것입니다. 여성 고객들이 뭘 원하고 기대하는지를 가장 잘 아는 사람들은 어차피 여성 판매원들이고 이들이야말로 여성들의 구매 결정에 영향력을 갖고 있습니다.

도리스 크리스토퍼, 주방용품회사 창업자 겸 사장

네트워크 마케팅은 여성들에게 융통성 있게 일하고 일과 개인 생활 사이의 균형을 유지할 수 있게 해 줍니다. 또 큰 투자가 없이 자기 사업을 시작해 키울 수 있는 기회를 제공하지요. 네트워크 마케팅은 또 여성들에게 무한정한 기회를 제공하고 능력 발휘를 방해하는 유리 천정 같은 것도 없습니다.

최근에 직접판매협회 회장을 역임한 사람으로써 나는 이 분야야말로 미래에 유망한 부문이라고 믿습니다. 하이테크 사회가 될수록 사람들은 사업자도 그렇고 소비자도 그렇고 네트워크 마케팅이 갖는 긴밀한 인간적 접촉을 갈망하게 되기 때문입니다.

셰릴 라이틀, 가족용 앨범회사 사장

우리 회사에서는 여성들이 자기들이 좋아하는 일을 하면서 돈을 벌 수 있는 기회를 지속적으로 확장하고 있습니다.

어떤 혜택이 있을까요? 여러 가지입니다. 우선 네트워크 마케팅 일은 여성들에게 가족을 최우선시 할 여유를 줍니다. 가정 생활을 일에 맞추기 보다는 일을 가정 생활 스케줄에 따라 조절할 수 있습니다. 아이들 성장기에 집에 있을 수 있고, 식구 중 누가 아플 때도 집에 있을 수 있고, 학교나 집안 행사도 거들 수 있지요.

의미 있는 일을 하는 것도 보상이 되겠지요. 우리는 사람들에게 자신과 또 후세를 위해 자기들만의 특별한 이야기를 보존하는 것이 중요하다는 것을 가르칩니다. 사진의 장기 보관을 위한 최신 제품과 정보를 제공합니다. 또 앨범을 꾸미는 구체적인 방법까지 알려줍니다. 우리는 또 사람들의 성과를 인정해 주고 그에 대해 보상합니다.

우리 회사 상담원들은 고객들이 귀중한 사람을 잃고 슬픔에 빠져있을 때 그들을 위로해줬습니다. 지역 유산 보존을 위한 단체에서 자원 봉사를 함으로서 공동체 의식을 길러줬습니다. 또 사람들이 아무렇게나 흩어져 있는 사진들을 삶의 역사로 엮을 수 있도록 도왔습니다.

상담원들은 각자가 여성으로서, 어머니로서, 또 사업가로서 가치관과 신념을 포기하지 않고 최선을 다하도록 서로 돕고, 격려하고 인정해주고 있습니다.

집에서는 의미 있는 일을 하면서 동시에 가족들의 꿈과 생활 스타일을 유지할 수 있는 수준의 소득도 올리는 자랑스러운 존재들입니다.

경제적 보상은 각자의 목표에 따라 결정됩니다. 어떤 사람들에게는 네트워크 마케팅 일이 단기적 목표를 이루기 위한 기회일 수도 있습니다. 그 달에 옷을 사고 싶다거나, 명절 때 다른 사람들에게 선물을 하고 싶다거나, 평생에 한 번 있을까 말까 한 가족 휴가를 원한다거나, 집 수리를 한다거나 하는 것들이지요. 이런 것들은 매우 현실성 있는 시나리오로 이 정도는 실제로 생활에 큰 영향을 주지 않고 쉽게 달성할 수 있습니다. 또 다른 사람들에게는 이 일이 무제한의 소득을 올리고 전문 지식을 개발할 수 있는 수익성 높은 사업 기회일 수도 있습니다. 의사, 변호사, 언어치료사,

또 성공적인 여성 기업인들은 중요한 일을 하는 것은 마음에 들지만 생활이 너무 바빠 지칠 수 있습니다. 이들이 만약 네트워크 마케팅 일을 선택한다면 가족들을 최우선시 하면서도 지금과 같거나 아니면 더 많은 소득을 올릴 수 있을 것입니다.

네트워크 마케팅 선호 추세는 앞으로도 계속될 것입니다. 나는 그 이유는 사회가 기술화할수록 사람들이 더 인간적인 서비스를 추구하기 때문이라고 봅니다. 의학 발달, 인터넷 확산, 통신 발전 등은 광속도로 진행되겠지만 사람들은 여전히 누군가가 자기들에 대해 진정한 관심을 갖고 있기를 바랄 것입니다. 소비자들은 사는 물건이 앨범이든, 화장품이든, 주방용품이든 아니면 통신 서비스든 회원들이 자신들과의 관계를 단순한 거래 이상으로 여길 것을 바랍니다. 소비자들은 회원들이 자신들이 취급하는 상품에 대해 신념을 갖고 알려주고 권해줄 것을 원합니다. 기술 발달로 사람들간의 직접 접촉 기회가 줄어들수록 이와 같은 역할은 더 중요해질 것입니다.

로즈매리 레드몬드, 의류회사 사장

네트워크 마케팅이 여성들에게 좋은 이유에 대해 레드몬드 사장은 다음 이유들을 들었다.

일하는 시간이 자유롭다. 미국 인구조사국에 따르면 직장 여성

중 대다수는 보살핌이 필요한 18세 이하의 자녀들을 두고 있다고 합니다. 이 일은 아이들과 가족들에 맞춰 시간을 조절할 수가 있지요.

보수와 승진에서 보이지 않는 장벽이 없다. 네트워크 마케팅에서는 누구든지 교육 수준, 경력, 사회경제적 배경, 나이 등과 상관 없이 높은 소득을 올릴 수 있습니다. 정부 통계치에 의하면 주당 35시간 이상 일하는 여성들의 평균 주급은 480달러라고 합니다. 그와 비교하면 우리는 파트 타임으로 일하는 분들에게 풀타임 급여를 주는 것이나 마찬가지지요. 사실 그 정도 수입을 올릴 수 있기 때문에 많은 직장 여성들이 네트워크 마케팅을 하려고 합니다. 우리 세일즈 매니저들 중에는 교사, 간호원, 엔지니어, 관리직, 간부직 여성들이 포함돼 있습니다. 심지어는 기업 재무이사 출신 여성도 있지요.

개인적 성장 기회 사람들마다 자기 페이스에 맞춰 나아가면 되기 때문에 실적에 대한 중압감이나 "성과를 못 올리면 일자리를 잃는다."는 불안 같은 것이 없습니다. 그러면서도 각종 기술과 경험을 습득할 수 있는 기회와 교육은 있지요. 위압적이지 않고 전적으로 밀어주는 회사 분위기 덕분에 많은 여성들이 기술도 배우고 자신들이 생각하지도 못했던 성과를 올리고 있습니다. 그 분들의 자랑스러운 모습은 보는 사람도 즐겁게 만든답니다.

자녀와 가족들에게 모범이 될 수 있다. 개인적 성장과 경제적 성공 외에도 이 여성들은 자녀들에게 독립과 자기 성취의 모범을 보임으로써 최고의 선물을 주고 있습니다.

타인에 대한 도움 다른 사람들에게 질 좋은 상품과 소득 기회를 제공하여 돕는 것도 이 사업에서 느낄 수 있는 큰 만족입니다.

다른 사람의 성공을 돕는 재미

이름: 미키 크라울

취급 제품: 화장품, 장신구, 향수, 선물용품 등

사업 경력: 15년 (9년간 본사직원, 6년간 판매원)

성취 내용: 미키는 마침내 가정 일을 우선시할 수 있으면서 수익성도 높은 사업을 찾았다. 그녀의 두 딸은 사립대학에 다니고 있는데 네트워크 마케팅 사업이 아니었다면 불가능했을 일이다. 이 사업을 하면서 홍콩, 푸에르토리코, 멕시코 칸쿤, 미국 전역의 여러 도시들을 여행했다. 미국 19개 주로 구성된 자기 사업 구역에서 미키의 회원 모집 실적은 지난 6년간 5위 내에 들었다.

미키 크라울은 회사의 지역 매니저로 안전한 본사 직원 생활과 도전이 많은 사업자 생활을 비교해 볼 수 있는 이상적인 위치에 있었다. 회사 직원으로 있으면 안정적인 소득과 양호한 복리후생 혜택을 누릴 수 있었다. 사업자가 되면 아무 것도 없는 상태에서 시작해야 하며 복리후생 혜택도 없고 소득이 안정되려면 시간이 걸리게 돼 있었다. 그래도 일하는 시간이 융통성이 있으므로 집안 일에 시간을 낼 수는 있었다. 다른 사람들이 엄청난 일을 이루어내는 것을 9년간 지켜본 후에 1994년 미키 크라울은 회사를 나와 사업자가 됐고 이후 다시는 뒤를 돌아보지 않았다. 지금 미키는 회사에 있었다면 받았을 봉급의 2배가 넘는 소득을 올리고 있다. 또 '가족이 우선' 이라는 자신의 가치관을 실천할 수 있다. 그런데도 미키는 가장 좋은 일은 이제 앞으로 일어날 것이라고 생각한다. 미키 크라울은 "남편과 상의해 보겠다."라는 말을 들을 때마다 자기 경험이 생각나 몸이 저절로 움츠려진다. 직장을 그만 두고 서업을 시작하기 위해 미키도 첫번째 남편과 상의했다. 그런데 남편의 입에서 나온 것은 "돈을 한푼도 못 벌 것"이라는 말 뿐이었다. 그 말을 하도 많이 듣다 보니 미키는 기운이 빠져 사업을 포기하고는 했다.

그러나 그 동안 많은 변화가 있었다. 자기를 전혀 지원해 주지 않는 첫 남편과 헤어져 전폭적인 지지를 보내주는 두 번째 남편을 만났고 지금은 번창하는 사업을 갖고 있다. 미키의 연간 소득은 여섯 자리에 다가가고 있으며 회원 수 730명의 그룹을 갖고 있다. 또 자기처럼 사업을 키우고 있는 여성 33명을 돕고 있기도 하다.

지역 매니저 직을 그만둔 뒤 미키는 든든한 새 남편을 배경으로 성공할 준비를 마쳤다. 앞으로 상황이 어떠하리라는 것도 확실히 알고 있었고 그래서 자기의 결정을 남편과 아이들에게 이야기했다. 따라서 가족들은 모두 당분간 힘들 것이라는 사실을 알고 있었다. 처음 받은 주문 금액은 78달러밖에 안됐지만 그래도 미키는 실망하지 않았다. 첫번째 회원 모집 수당이 단 2달러 78센트에 머물렀지만 그래도 낙담하지 않았다. 미키는 이 사업에서는 처음에 결과가 미미하더라도 끝까지 버티는 사람들이 승자가 된다는 것을 이미 잘 알고 있었다.

"아무 성과가 없을 것 같은 사람들이 1주일이 되기도 전에 큰 주문을 받아 오기도 합니다. 이 사업을 통해 저는 남을 섣불리 판단해서는 안 된다는 것을 배웠습니다. 세상은 놀라운 일들로 가득 차 있어요."

지금은 꿈을 위해 열심히 노력하는 한 여성이 미키를 감탄시키고 있

미키 크라울에게서 배우는 네트워크 마테팅 지혜

- **좋은 고객을 회원으로 유치하는 것을 두려워하지 말라.** 물론 매출에서 어느 정도 손해를 보게 되겠지만 장기적으로는 그룹을 키우는 것이 잔여 소득 면에서 더 큰 도움이 된다.

- **조직을 깊이 키우도록 해야 한다.** 1단계 회원들에게만 신경을 집중해서는 안 된다. 조직을 깊게 키우고 3, 4단계 회원들도 지원하면 더 강한 조직을 만들고 안정된 수입을 올릴 수 있다.

- **다른 사람들의 성공을 돕는 데 노력을 집중하고 이를 최우선 목표로 삼도록 하라.** 이를 자기의 사명으로 삼으면 성공하게 될 것이다.

- **자기가 한 것처럼 남들도 할 수 있다는 것을 확신 시키도록 하라.** 예를 들어 누군가에게 동기를 부여하고 싶으면 자기 경험 중 그 사람도 따라 할 수 있는 것을 생각해보라. 비싼 선물을 주는 것도 동기 부여 방법이 될 수는 있지만 새 회원 누구나 그렇게 할 수 있는 여유가 있는 것은 아니다. 반면 여러 사람 앞에서 칭찬을 해주거나 진심이 담긴 메모를 보내는 것은 누구든지 할 수 있는 일이다.

- **더 열심히 노력하라.** 그러면 운도 더 따를 것이다. 행운은 노력이 만들어내는 것이다. 따라서 일에 주력하다 보면 행운도 당연히 따라올 것이다.

다. 그 여성은 돈도 벌고 자기 아이들도 돌보기 위해 몇 년 전 집에서 놀이방을 시작했다. 그러나 현실은 자기가 생각했던 것과 달랐다. 놀이방 주인은 아이들을 하나하나 돌봐줄 시간이 없었고 자기 아이도 예외가 아니었다. 그래서 그녀는 지금 자기도 미키의 성공을 따라 하려고 작정하고 있다. 낮에는 놀이방을 운영하고 밤에는 사업을 하는데 그녀는 사업 수입이 놀이방 수입과 같아지면 바로 풀타임으로 사업에 매달릴 계획이다. 미키는 그녀가 조직적이고, 노력파이며 나중에 얻을 성과를 생각하는 사람으로 바로 자기가 찾는 타입이라고 말한다.

"이 사업은 내게 너무나 많은 것을 줬습니다. 일반 직장에서는 절대 불가능한 경제적 자유를 얻었습니다. 딸들은 둘 다 사립대학에 다니고 있는데 이 일이 아니면 아마 불가능했을 겁니다. 자신감도 크게 늘었습니다. 마음만 먹으면 무슨 일이든 할 수 있다는 것을 알게 됐습니다. 남편도 나나 내가 사업을 통해 이룬 성과에 대해 존경하는 마음을 갖게 됐지요. 아이들도 열심히 노력하고 포기하지 않으면 어떤 상을 받게 되는지 이해하게 됐습니다."

CHAPTER 8

네트워크 마케팅 30일 작전

'야망'이란 단어는 어쩌다가 의미가 변색된 것 같다. '야망'이라고 하면 우리는 곧장 '맹목적인 야망'을 떠올리고 기업 사냥꾼, 부정직한 정치가, 허영에 들뜬 영화배우를 그리게 된다. 그러나 야망은 사실 명예롭고 인간적인 것이며 네트워크 마케팅에서는 더욱 그렇다. 야망이란 자신의 삶을 향상시키고자 하는 순수한 욕망인 것이다. 어머니들이 아이를 최대한 잘 돌보면서 경제적 목표도 달성하기 위해 집에서 일할 방법을 찾게 만드는 것도 야심이다. 직장생활에 지친 여성 기업 간부가 균형 잡힌 생활을 찾아 나서는 것도 야심이다. 전업 주부에게 가족 휴가비를 자기가 마련하고 싶다는 생각이 들게 만드는 것도 야심이다. 네트워크 마케팅에서 야망은 그냥 좋은 것일 뿐 아니라 성공의 원천이기도 하다.

네트워크 마케팅에서의 성공 가능성은 회원 가입 신청을 하기 훨씬 이전의 인생 경험을 통해 이미 형성된다. 미키 크라울은 자신이 사업에 성공할 수 있었던 것은 처음에는 기술이나 재능보다는 성공하고자 하는 욕심 때문이었다고 말한다. 그녀는 자기가 갖고 싶은 것들의 사진으로 스크랩북을 만들었다. 디즈니 월드 관광, 가죽 시트가 있는 밴, 해변가에 있는 아파트 등이었는데 일이 힘들 때는 그것들을 보고 다시 힘을 얻었다고 한다.

사업 성공 조건에 대해 네트워크 마케터들은 간단하지만 쉬운 것은 아니라고 즐겨 말한다. 성공을 위한 방법은 극히 간단하다. 사람들에게 자신이 좋아하는 상품을 소개하고 사람들도 그것을 좋아하도록 만들면 되는 것이다. 그러나 그 기술을 익히고 그 간단한 방법을 실행으로 옮기기 위한 결단과 신념을 확고히 하는 일은 쉽지가 않다.

모든 위대한 인생 여정이 그렇듯이 성공적인 네트워크 마케팅 사업을 키우는 과정도 끝 없는 자기 성장의 길이다. 그 여정은 물론 30일 이상이 걸리겠지만 네트워크 마케팅에서 성공하기 위한 30가지 원칙을 제시해 보겠다. 오랜 검증을 거친 네트워크 마케팅의 귀중한 지혜들을 하루에 하나씩 읽을지 아니면 단번에 끝낼 것인지는 각자가 선택할 일이지만 앞으로도 두고두고 참고할 수 있을 것이다. 성공하자면 시간이 걸린다. 또 스스로의 결단과 성장과 인내를 요구할 것이다. 사업을 시작하면 매일 전날보다 더 나은 사람이 될 것이라는 점을 기억하라. 지식과 자신감을 기르고 다른 사람들에게 더욱 관심을 갖고 돌보며 자기 자신도 더 돌보는 사람이 되어야 한다.

1일 자기 내면의 소리를 들어라

네트워크 마케팅 일을 하기 위해서는 과감한 믿음이 필요하다는 것은 말할 것도 없다. 경제적인 문제보다는 정신적인 이유로 두려움을 갖게 될 것이다. 사람들에게 거부당하는 경험도 하게 될 것이다. 자기 어머니마저 우려의 얼굴을 하고 아버지는 눈살을 찌푸릴 것이다. 친구들은 여러분이 미쳤다고 생각할 것이다. 자신의 마음 속에서 이것이 자신이 원하는 것을 얻을 수 있는 올바른 길이라는 것을 확신할 수 있어야 한다. 자신의 내면에 귀를 기울이는 사람만이 도약할 용기를 갖게 될 것이다.

그러니 자신의 소리를 들어라. 이미 전에 같은 경험을 한 사람들의 이야기를 읽고 자신의 믿음을 키워라. 이를 부정하려는 사람들을 피하고 자기가 가고자 하는 목표에 집중하라. 1년 후 여러분은 시작해서 다행이라고 느끼든지 아니면 시작 안 한 것을 후회하든지 그 둘 중의 하나일 것이다.

2일 자기 불신을 다스리는 기술을 배워라

유명한 극작가인 웬디 와써스타인은 엄마가 오빠한테만 알려주고 자기한테는 가르쳐주지 않은 것이 있는지 늘 의아해하고는 했다. 오빠는 자신감이 넘치는데 자기는 그렇지 못했기 때문이다. 자기 불신이 여성 특유의 성격인지는 모르지만 특히 네트워크 마케팅 사업을 하자면 자기 불신이라는 괴물을 잠재우는 것이 중요하다.

자기 불신은 재능이 있고 아름다운 여성들도 괴롭히고 있으며 심지어는 가장 완벽한 사람들조차 자기 불신에 시달리고 있다. 이 약점은 우리 자신이 만들어내는 것이다. 자기의 능력을 불신하는 것은 타고난 성격도 아니고 현실과도 별 관계가 없다. 이는 우리가 마음 속에 파괴적인 소프트웨어를 설치한 것과 같으며 다행히 이를 제거하는 소프트웨어도 있다. 긍정하는 기술을 배우고 연습하는 것이다. 자기 자신에 대해 긍정적이고 구체적으로 서술한 문장을 만들어 보자. 얼굴에 나타나 있는 두려움을 보자. 자기에 집중하고 두려움을 떨쳐버리자. 자신의 생각을 재정립하여 사업하는 데 최소한 내부의 장애물은 없도록 만들자. 여러분은 그렇게 할 수 있다.

3일 | 연필을 끼고 살자

명함, 전화, 컴퓨터, 책자, 오디오/비디오 테이프, 보이스 메일, 팩스 등 네트워크 마케터들이 사용하는 모든 도구에 대해 비용효과 분석을 실시한다고 가정해보자. 연필만큼 적은 비용으로 엄청난 가치를 발휘하는 물건은 없을 것이다.

자기의 목표를 적어보자. 목표는 구체적이고, 측정 가능하고, 현실적이며, 시한이 정해져 있고, 긍정적이며 실천할 수 있는 것이어야 한다. 그 목표를 가까운 곳에 두고 늘 읽도록 한다. 내일이 없다는 기분으로 목표를 추구하라.

예상고객 후보들의 명단을 만들어보자. 친구, 이웃과 함께 사업관계, 직장, 교회에서 만나는 사람들 중에서 이 일에 관심을 가질 만한 사람들을 뽑아보라. 일단 이 명단으로 활동을 시작한 다음 소개를 부탁하여 새 이름들을 계속 추가하여 활용하도록 한다.

자신의 사명 의식과 꿈을 적어보자. 중요한 것은 늘 연필을 준비하고 있다가 자주 사용하라는 것이다. 연필은 사업을 위해 가장 유용한 도구이다.

4일 　지우개를 사용하라

연필이 좋은 또 다른 점은 지우개가 붙어 있다는 것이다. 이미 말했듯이 네트워크 마케팅 여정에는 성장과 학습 과정이 들어 있다. 가다 보면 새로운 것들을 발견하게 될 것이다. 자신의 사고 방식을 전환할 준비를 하고 또 거기 맞춰 목표도 바꿀 준비가 돼 있어야 한다. 새로운 생각에 마음을 열고 유연해야 한다. 처음부터 완전히 옳게만 하는 사람은 아무도 없다. 과거의 사고방식이 한층 향상된 새로운 사고에 방해가 되지 않도록 해야 한다.

5일 열정을 가져라

네트워크 마케팅 사업에서는 열정과 열성적 에너지가 필요하다. 네트워크 마케팅 회사들은 식물에서 추출한 황체 호르몬, 음식을 최적의 온도에서 익히는 조리기구, 관절염에 좋은 드링크 믹스 등 들어본 적조차 없는 최고 제품들을 갖고 있으므로 열정을 갖기는 쉬울 수도 있다. 실제로 조금만 조사하면 뛰어난 상품들은 얼마든지 있다. 좋은 상품을 발견하면 자동적으로 이를 남들에게 알리고 싶다는 열정이 생길 것이다.

일단 열정이 있으면 열성적 에너지도 쉽게 생길 것이다. 자기가 정말 좋아하는 상품을 남들에게 소개하는 것은 쉬운 일일 뿐 아니라 재미도 있다. 또 사람들은 자기들에게 알려주는 것을 고마워 할 것이다. 자신의 열정을 꽉 붙들도록 하라. 두려움에 이 열정만큼 좋은 해독제는 없다.

6일 불안하다면 오히려 축하할 일이다

경주마와 암소와의 차이는 그것들이 느끼는 불안감의 차이 때문일 것이다. 불안감은 좋은 것이다. 이는 편안한 수준에 안주하기보다는 자기 능력의 한계를 발휘하고 있다는 표시이다. 또 자기가 성장하고, 영역을 넓히고, 향상하고 있으며 뭔가 중요한 일을 하고 있다는 신호이다. 불안을 반기고, 불안한 에너지를 일에 쏟아넣는 법을 배워라.

7일 | 준비, 발사, 조준!

네트워크 마케팅을 새로 시작한 사람들은 교육을 더 받고, 더 연습하고, 제품에 대하여 더 깊은 지식을 갖게 되면 일을 더 잘할 것으로 믿는 경향이 있다. 이는 사실이기도 하고 아니기도 하다. 자기가 하는 사업과 상품에 대해 더 배우는 것은 언제나 좋은 일이다. 그러나 자기가 소개하는 상품이 좋아 정말 마음에서 우러나는 대로 이야기하는 초보자의 열성도 나름대로 엄청난 힘을 갖고 있다. 잘 다듬어진 제품 소개를 하고 싶을지 모르지만 고객들은 오히려 열성적인 이야기를 듣고 싶어한다.

네트워크 마케터의 성공 비결은 책이나 특별 리더십 세미나에서 찾을 수도 있지만 사업자 후보나 고객들과 직접 부딪히며 보고 배우는 데서 얻을 수 있다. 계속 더 배워야 한다는 강박감이 성공적인 사업을 일구는 데 방해가 되지 않도록 해야 한다.

8일 | 준비, 준비, 또 준비

이 충고가 바로 앞의 것과 배치된다고 느껴진다면 사실 그렇다. 앞의 것은 계속 교육만 받으려고 하는 사람들을 위한 것이고 이번 것은 아무 준비 없이 무모하게 나서려고 하는 사람들을 위한 것이다. 제품 소개를 하러 나가기 전에 최소한 다음 사항들을 숙지하고 있어야 한다.

• 제품에 대한 지식: 소개할 제품이나 서비스를 사용해 보고 그것들이 왜

특별한지를 잘 알고 있어야 한다.

- 상위 후원자의 제품 소개 참관: 상위 후원자의 제품 소개를 최소한 3회 는 참관하여 소개 방식을 확실히 익혀야 한다.

- 최종 연습: 친구나 가족을 상대로 최소한 3회는 제품 소개 연습을 해야 한다.

9일 넘어질 준비를 하라

아기들이 걸음마를 시작할 때를 생각해보라. 비틀대며 첫 걸음을 뗄 때 환호성을 지르던 것을 기억하는가? 그런데도 성인이 되면 그런 학습 과정을 거치지 않으려고 한다. 모든 것을 다 알아야 하는 것처럼 생각하는데, 그것이 현실적으로 가능한가? 물론 아니다. 미리 넘어질 준비를 하고, 넘어지더라도 포기하지 말고 다시 일어나 또 해보는 것이다. 연습을 통해 더 잘하게 되는 것은 당연하다.

10일 실패를 받아들여라

평범한 사업자와 훌륭한 사업자와의 차이는 주로 실패를 받아들이는 방식에 달려 있다. 평범한 사업자는 실패를 두려워하고 회피하고 실패에 대한 책임이 다 자기에게 있다고 느낀다. 그녀는 실패를 길 중간 중간에서 만날 수 있는 장애물 정도로 생각하지 않고 마지막으로 받아들

인다. 반면 훌륭한 사업자는 실패가 있을 것을 예상하고 그로부터 배우며 실패를 통해 더 나은 사람이 된다. 그러다 보면 언젠가는 과거 실패를 훌쩍 뛰어넘게 되는 것이다.

마거리트 성은 제품 소개를 100번쯤 형편 없이 한 후에야 정말 제대로 된 것을 할 수 있었지만 그래도 매번 조금씩 나아지는 것을 느꼈다고 한다. 지금 마거리트는 세계에서 가장 큰 네트워크 마케팅 조직 중 하나를 이끌고 있다.

11일 │ 다른 사람들이 어떻게 생각할까?

다른 사람들이 어떻게 생각할까 하는 문제에 집착하다 보면 발전할 수 없다. 또 그것을 두려워하다 보면 성공을 향해 나갈 수가 없으며 자신의 성장을 위해 필요한 중요한 경험과 교훈들을 놓치게 된다.

마가렛 다나카가 사업을 시작한지 얼마 안됐을 때의 일이었다. 함께 출산준비 교실에 다니던 여자가 사람들에게 임신부를 위해 좋은 건강보조식품을 아는 게 있느냐고 물었다. 자기가 먹고 있는 것은 형편 없다는 거였다. 사업자에게 이보다 더 좋은 기회가 어디 있겠는가? 하지만 마가렛은 사람들이 자기를 어떻게 생각할지 겁이 나 입을 다물어버렸다. 마가렛은 어떤 때는 우리가 너무 자신이 없어 남을 돕지 못한다고 말한다.

수잔 웨이틀리는 정반대 경우이다. 수잔은 심한 복통을 앓고 있었는데 어떤 때는 통증이 너무 심해 병원에도 겨우 갈 정도였다. 또 병원에

가도 별 효과가 없었다. 그런데 우연히 알게 된 제품을 사용하자 증세가 호전되는 것이 느껴지기 시작했다. 전통 의학으로 해결이 안되다가 마침내 효과가 있는 제품을 발견하게 되자 세상 사람들한테 다 알리고 싶었다고 그녀는 회상한다.

12일 ▌ 파트너, 코치, 지도자를 찾아라

남과 협력한다는 것은 큰 힘이 된다. 이를 통해 더 많은 것을 이룰 수 있고 새로운 요령도 배우게 된다. 더 재미도 있고, 기쁨과 슬픔을 함께 나눌 사람도 생기게 된다. 자기와 에너지 수준과 목표가 비슷한 사람을 찾아라. 누구든지 파트너가 될 수 있다. 자기 위에 있는 매니저, 다른 회사 리더, 아니면 자기처럼 일을 재미있어 하고 있는 신참 회원이어도 상관 없다. 중요한 것은 누군가를 찾아 그 사람의 역량을 발휘하게 하는 것이다.

카렌 헤이건은 사업을 잘 하기 위해 지도자가 필요한 것은 알았지만 상위 후원자 중에서는 찾을 수가 없었다. 그런데 과거에 회사에 있을 때 업무 스타일과 태도가 마음에 들었던 여자가 생각났다. 그래서 그냥 그 사람을 따라 해봤는데 성공했다고 한다. 일하는 분야는 서로 달랐지만 그 사람의 방식대로 했더니 오히려 네트워크 마케팅에서는 더 잘 통했다고 한다.

13일 | 말하는 것도 좋지만, 듣는 것이 더 중요하다

자기가 어떻게 이 사업을 하게 됐는지를 진지하고 재미있게 이야기할 수 있는 능력도 네트워크 마케팅 사업 성공에 중요하다. 무엇이 관심을 끌었었나? 제품이 일반 소매점에 있는 것들보다 더 좋고 안전했기 때문이었나? 전통 의학이 못 고친 증세를 네트워크 마케팅 제품을 통해 고쳤기 때문인가? 복잡한 절차 없이 자기 사업을 할 수 있는 기회에 끌렸었나? 회원이 될 것을 고려 중인 사람들은 여러분이 이 사업에 어떤 기회가 있다고 보는지에 가장 관심을 가질 것이다. 이야기하는 것을 연습하고 실감나도록 세세한 점까지 설명하라. 진실만을 말하고 자기 경험을 남들에게 자주 말해주도록 하라.

자기 이야기를 하는 것도 중요하지만 남의 이야기를 잘 듣는 것은 더 중요하다. 다른 사람들의 말을 경청하고 거기에서 배워야 한다. 제품 소개도 고객의 필요와 관심에 맞춰서 해야 한다. 남의 말을 진지하게 들을 줄 알수록 자기 이야기도 더 잘 할 수 있게 된다.

14일 | 끈기가 최고이다

자기 이야기를 하고, 남의 이야기를 잘 듣는 법을 배운 다음에는 끈질기게 물고 늘어지는 법을 배워라. 사업 기반을 쌓아갈 때는 끈기, 결단, 의지, 정열, 집중력 등이 가장 좋은 친구가 될 것이다. 일단 잡은 것은 꽉 잡고 절대 놓치지 말아야 한다. 자신의 의사를 확실히 전달한 다음 행동을 취하라.

15일 ▎ 좋은 네트워커가 되라

겉으로 보기에 네트워킹 활동을 하는 것처럼 보이지 않는 것이 정말 잘하는 것이다. 명함을 다발로 배포하고 손님을 끌기 위해 부자들 클럽에 가입하거나 사람들이 모인 곳에 찾아가는 것은 그만 두는 것이 좋다. 대신 남들에 대해 진정한 관심을 갖는 진실한 사람이 되어야 한다. 감사 카드와 생일 카드를 보내라. 신문을 읽을 때는 친구들을 생각하고 관심 있을 만한 기사가 나오면 오려서 보내주라. 우정을 쌓아라. 전화를 활용하고 사람들과 계속 연락을 취하라. 다른 사람들끼리 연결시켜 주라. 남들을 돕고 기부금을 내고 가치 있는 일을 위하여 자신의 시간을 내어 봉사하라. 사람들을 즐겁게 하는 법을 배워라. 자신의 지식과 기술을 친구들과 나눠라. 매일 10분씩 시간을 내 가족 외 사람을 위해 쓰도록 해라. 자기의 네트워크가 자연스럽고 진실되게 형성되도록 하라. 전세계에서 가장 성공적인 네트워크 마케터 중 한 사람인 존 카렌치는 평생 동안 친구 100만 명을 사귀는 것을 목표로 삼았다. 그런 목표를 갖게 되면 방법도 달라질 것이다. 자기 자신을 내 주는 법을 알게 되면 훌륭한 네트워크를 구축하는 데 필요한 열쇠를 얻은 것이 된다.

16일 | 서서히 부자가 되라

다르게 말하는 사람들도 있겠지만 네트워크 마케팅은 벼락 부자가 되는 사업이 아니다. 조직을 키우는 데는 시간이 걸린다. 실제로 사업 초기 몇 개월간은 시간당 임금이 보통 때보다 훨씬 적을 것이다. 그러나 이는 '서서히 부자가 되는' 기회라는 것을 기억해야 한다. 끈기를 갖고 자기 사업에 시간과 에너지를 투자하는 사람들은 언젠가 큰 보상을 받게 될 것이다.

네트워크 마케터들은 사업을 키운다는 이야기를 많이 하는데 이는 정말 적절한 비유이다. 오늘 땅에 뭔가를 심으면 당장은 별 것 아닌 것처럼 보일 수 있다. 그러나 오랜 시간 동안 큰 관심을 갖고 보살피면 작은 묘목이 언젠가는 거대한 나무로 자랄 수 있다. 그러므로 현재 직장을 그대로 유지하라. 네트워크 마케팅 수입이 최소한 현재 봉급 수준이 될 때까지는 전직을 보류하라.

17일 | 황금률을 실천하라

네트워크 마케팅에서 장기적인 성공을 거두기 위한 유일한 방법은 황금률을 실천하며 하는 것이다. 자신이 대우 받기 원하는 대로 남들을 대우하라. 어떻게 하면 좋은 서비스를 할 수 있을지를 생각하라. 자신이 고객 입장에서 겪는 좋은 서비스와 나쁜 서비스에 대해 메모하라. 나를 얼마나 배려하고 있나? 제품에 대해 어떻게 말하고 있나? 내 시간도 존중해 주고 있는가? 나에 대해 진정한 관심을 보이고 있나? 판매원이 유능해 보이는가? 그 판매원을 또 찾을 것인가? 고객이 필요로 하는 것에 초점을 맞추고 자기가 판매하는 상품이 바로 그것을 채워줄 수 있다는 것을 보여준다면 성공은 눈 앞에 있는 것이다.

18일 ▌ 남들에게서 배워라

학교에 다닐 때는 절대 남의 답안지를 보아서는 안 된다고 배웠지만 사업에서는 반대이다. 월마트의 창업자인 샘 월튼은 언젠가 좋은 아이디어는 거의 다 다른 가게로부터 베낀 거라고 말한 적이 있다. 그는 매주 하루는 아이디어를 얻기 위해 남의 가게에서 시간을 보냈다고 한다. 네트워크 마케터들도 그래야 한다. 후원자 회의, 우수 판매원 회의 등에 가서 배울 수 있는 것을 모두 배우도록 하라. 네트워크 마케팅의 좋은 점은 일반 기업에 있는 경쟁 같은 것이 없으며 누구나 승자가 될 수 있다는 것이다.

또 좋은 아이디어를 꼭 동종 업계에서만 얻을 수 있는 것은 아니다. 다른 분야 회사의 미팅에도 참석하여 그들의 프로그램이 왜 성공하고 있는지를 배울 수 있다. 어디에서든 자기 일에 활용할 수 있는 아이디어를 찾아 보자.

19일 ▌ 신기술을 활용하라

마거리트 성은 거의 200명에 이르는 회원들과 수시로 연락하고 있다. 어떻게 그렇게 할 수 있을까? 보이스 메일, 이메일, 전화, 일반 우편, 3자 간 통화 등 모든 수단을 사용하는 것이다. 통신 발달로 네트워크 마케터들은 멀리 떨어져 있는 많은 사람들과 금방 연락을 취할 수 있게 됐다.

회사들은 회원들이 웹사이트 만드는 것을 도와주고 있다. 또 회사 웹사이트는 신규 고객들이 제품에 대해 알아보고 주문까지 할 수 있는 도구가 됐다. 새로운 세상이다. 신기한 신기술들을 단순히 사용만 하는 것이 아니라 이를 즐길 수 있는 사람들만이 승자가 될 것이다.

20일 ▌ 스스로에게 엄격한 상사가 되라

네트워크 사업이 자유스러운 이유 중 하나는 엉뚱한 요구로 여러분의 인생을 좌지우지하려는 상사가 없기 때문일 것이다. 그러나 오해하지 말라. 이 사업에도 사장은 있으며 다른 점은 바로 자기가 사장이라는 점이다. 시간 활용, 실적, 업무 속도, 업무 스타일 등 모든 것을 본인 자신이 알아서 해야 한다.

좋은 성과를 얻기 위한 가장 좋은 방법은 계획을 갖고 일을 시작하는 것이다. 월간 달성 목표를 세운 다음 이를 다시 주 단위로 세분하라. 네트워크 마케팅 조직을 키우는 것 같은 큰 일을 달성하기 위해서는 최종 목표를 향해 수 많은 잔일들을 처리해야 한다. 이를 묵묵히 하다 보면 자기도 모르는 사이에 거대한 조직이 만들어져 있을 것이다.

또 다른 방법은 가공의 상사를 만들어내는 것이다. 주위에 존경할 만하거나 영감을 주는 사람이 있는가? 여러분의 후원자나 아니면 다른 조직 리더는 어떤가? 자기가 존경하는 사람을 골라 그 사람을 가공의 상사로 삼는다. 그리고 매일 일이 끝난 후에는 상사와 짧은 회의를 하는 것이다. 목표 달성을 위해 얼마나 진전이 있었나? 하기로 했던 일들은 다 했나? 미루고 싶은 유혹을 물리치고 어려운 일을 용감히 해냈나? 내일 무엇을 해야 하는지 잘 알고 있나? 주간 목표, 월간 목표, 연간 목표 달성이 예정대로 진행되고 있나?

시간 관리에 대해 이야기해 보자. 집에서 사업을 하면 신경 쓸 일들이 많아 집중하는 데 어려움이 있다. 그냥 되는대로 하면 아이들과 각종 잡일로 하루가 다 가고 말 것이다. 그러나 방법이 있다. 약간의 시간 관리만 하면 일에 필요한 시간을 낼 수 있다. 아이들이 학교에 가 있는 시간을 근무 시간으로 잡아라. 그리고 그 시간은 낭비하지 말아야 한다. 아이들이 어려 아직 학교에 다니지 않는 경우에는 이웃끼리 서로 봐 줄 수 있는지 알아보라. 집안 청소는 사람은 불러 함께 하면 금방 끝낼 수 있을 것이다. 쉽게 금방 만들 수 있으면서도 가족들이 좋아하는 요리를 몇 가지 개발하여 바쁜 날에 사용하는 것도 한 가지 방법이다.

21일   될 곳에 힘을 쏟아라

네트워크 마케팅 사업의 좋은 점을 알기 시작하면 어떤 열의 같은 것이 생길 것이다. 자신이 현재 누리고 있는 것을 갖지 못한 많은 다른 여성들을 생각해보라. 긴 근무 시간에 시달리고 있는 이웃 직장 여성. 새 차가 필요한 데도 살 여유가 없는 동네 친구. 늘 유럽 여행을 꿈꾸던 친한 친구. 하지만 이들 모두가 구원 받을 준비가 돼 있는 것은 아니다. 누구나 자신의 생활을 정말 바꿀 준비가 되기까지는 시간이 걸린다. 그러니까 사람들에게 접근할 때 "고맙지만, 됐다."고 대답하면 그대로 받아들여야 한다. 대신 여러분의 설명과 새로운 생활 스타일, 새로운 사업에 관심을 보이는 사람들에게 노력을 집중하라.

22일   새 사람 찾는 일을 계속하라

조직이 어느 정도 커지면 알아야 하는 것이 있다. 조직을 키우다 보면 지금보다 더 잘하고 더 커질 수 있을 것 같은 회원들을 보게 될 것이다. 그런데 이들을 격려하고 또 다짐까지 받아내도 별 성과가 없는 경우가 있다.

어떤 회원들은 끝까지 포기하지 말아야 하는 경우도 있지만 어떤 사람들은 차라리 그냥 놔두고 다른 사람을 찾는 것이 최선일 수도 있다. 아무튼 조직에는 계속 새로운 사람을 영입하도록 해야 한다. 새 사람들이 여러분과 여러분 조직에 활력소가 될 것이다.

23일 ┃ 행운아에게서 배워라

영어에서 '행운'이라는 단어는 처음에는 행운을 가져오는 '힘'이란 뜻을 갖고 있었다. 다시 말하면 노력도 힘이 될 수 있고, 끈기도 힘이 될 수 있다. 또 긍정적 태도, 자신감 등 모든 것이 다 힘이 될 수 있다.

지금은 행운을 우연히 얻는 선물로 보고 있다. 네트워크 마케팅 세계에서 여러분은 '행운아'를 많이 만나게 될 것이다. 자기도 같은 행운을 누리고 싶다면 그들의 행운을 좀 더 자세히 들여다볼 필요가 있다. 무엇이 이들에게 행운을 가져오는가? 알고 보면 이들은 다른 사람들보다 프리젠테이션을 훨씬 더 많이 하고 있을 것이다. 매일 아침 행운을 기대하며 일어나서는 행운을 잡기 위해 옷을 입고 생각하고 대비하는 것이다. 이들은 1분짜리건, 5분짜리건, 1시간짜리건 모두 다 잘 다듬어진 프리젠테이션을 준비하고 있을 것이다. 이들은 지갑에는 명함을, 자동차에는 제품 카탈로그를 준비하고 있으며, 인터넷에는 웹 사이트를 갖고 있는 사람들일 것이다.

행운은 이를 위해 준비하는 사람들의 것이다!

24일 ┃ 숨은 보석을 찾아라

큰 그룹 리더들에게 사업에서 느끼는 가장 큰 만족이 무엇인지를 물어보면 예상 밖의 대답을 한다. 돈, 지위, 인정, 자유가 아니다. 자기들 그룹에서 다른 사람들이 발전하는 것을 보는 것이 가장 자랑스럽다는 것이다.

어느 해인가 그 해 최고상을 받은 릴리 윌릭은 그 때가 자기 생애에서 가장 행복한 순간인 줄 알았는데 다음 해에 자기 조직의 회원이 같은 상을 탔을 때는 그보다 더 기뻤다고 한다.

네트워크 마케팅 사업에는 무궁무진한 발전 기회가 있다. 온갖 과거와 배경, 국적을 가진 사람들이 성공적인 사업을 일궈냈다. 어떤 사람의 현재 위치보다는 그 사람 속에 감춰져 있는 광채를 찾아보라. 사람들과 좋은 관계를 가질 줄 알고 시작한 일을 관철시키는 능력이 있는 사람을 만났다면 이제 돌 속에 숨어 있는 다이아몬드를 발견한 것이다.

25일 베푸는 사람이 되라

우리 중 많은 사람들은 나가서 뭘 얻어오라고 하면 당황하지만 나가서 주는 일을 하라면 얼마든지 할 수 있다. 네트워킹 마케팅에서는 스스로 베푸는 것이 성공을 위한 가장 확실한 길이다. 감사 편지를 보내고 생일 카드를 보내라. 친구 집에서 모임이 있을 때는 나서서 설거지를 도와라. 친구가 부엌에 페인트 칠을 해야 한다고 하면 반나절쯤 가서 도와주라. 아이 학교에서도 자원봉사를 하라. 작은 선물들을 많이 포장해 놓고 있다가 사소하지만 축하할 일이 있을 때마다 사용하라.

기회가 될 때마다 정말 관심이 있으며 돕고 싶다는 뜻을 나타내라. 그것이 가장 현명한 사업 방법이다.

26일 칭찬의 힘을 깨달아라

케네스 블랜차드와 스펜서 존슨이 공동 집필하여 큰 인기를 끈 106쪽 짜리 『1분 매니저』라는 책은 지극히 간단한 메시지를 담고 있다. 목표를 세우고, 칭찬해주고, 잘못하면 질책하라는 것이다. 그런데도 전세계적으로 700만 부 이상이 팔린 베스트셀러가 됐다면 그 메시지가 그만한 가치가 있다는 뜻이다.

만일 칭찬이 돈을 주고 사야 하는 물건이라면 비싸서 함부로 쓸 수가 없겠지만 다행히 효과는 만점이면서 비용도 전혀 들지 않는다. 칭찬을 들으면 기분이 좋아지고 자연적으로 칭찬 받을 일을 더 열심히 하고 싶게 된다. 또 칭찬을 받는 쪽은 하는 쪽에 대해 충성심을 갖게 되므로 성공적인 조직에서는 칭찬이 아주 중요하다.

칭찬하는 습관을 들여라. 또 그 의미를 진정으로 느낄 수 있도록 하려면 구체적인 내용이 든 칭찬을 하도록 해라. 잘한 일이 있을 때 바로 칭찬을 해주는 것도 좋다. 또 아주 대단한 일을 했을 경우에는 그와 더불어 편지나 이메일을 보내줄 수도 있다. 아마 받는 사람은 그 편지를 소중히 간직하며 읽고 또 읽고 할 것이다.

칭찬은 아주 강력한 도구이다. 칭찬을 사용하는 법을 배우고 가능한 한 자주 사용하도록 하라.

27일 ┃ 조직에 계속 활력을 불어넣어라

네트워크 마케팅 사업에서는 추진력이 아주 중요하다. 추진력을 일으키고 유도할 수 있는 방법을 끊임 없이 찾아라. 현명한 회사들은 일종의 신규 회원 장려 프로그램을 개발하여 이들이 사업 개시 첫 달에 일정 수준을 달성하면 특별 성과급을 받을 수 있도록 하고 있다. 여러분 회사가 그런 프로그램을 갖고 있다면 꼭 활용하도록 해라.

그 달의 최고 회원에게 고급 레스토랑의 2인분 점심식사 쿠폰을 제공할 수도 있고, 3개월 내에 새 등급으로 올라가는 사람들에게 특별한 상을 줄 수도 있고, 아니면 새로 가입하는 회원에게는 직접 만든 서표를 선물할 수도 있다. 아무튼 조직에 활력을 불어넣을 프로그램을 시작하라. 중요한 것은 작든 크든 모든 성과를 인정해 줌으로써 사람들의 관심을 끄는 것이다.

28일 ┃ 자기 계발을 소홀히 하지 말라

어느 직업을 갖고 있든 일 하는데 바빠 자기 계발을 위한 시간이 없을 정도가 되어서는 안 된다. 회의에 가고 연례 컨벤션에도 참여하라. 업계 관련 서적, 또 일과 관계 없는 책들도 읽고, 잡지도 정기 구독하라. 다른 분야의 세일즈맨들과도 이야기를 나누라. 강연도 듣고, 사람들과 모여 새로운 아이디어를 나누고 개발하는 일도 게을리 하지 말아야 한다.

일상 생활을 한 부분씩 바꿔보라. 그러면 본인도 힘이 더 생기고 다른 사람에게도 힘을 더 나누어 줄 수 있다.

29일 ▌ 난관을 극복하라

네트워크 마케팅 사업에서는 시간과 노력만 들이면 거의 누구든지 성공할 수 있지만 이를 위해서는 누구든지 어느 정도 장애물을 넘어야 한다. 가족이 반대할 수도 있다. 새로 모집한 회원들이 아무리 격려를 해줘도 역부족일 경우도 있다. 또 조직에서 중요한 회원이 학업을 계속하기 위해 그만둔다고 할 수도 있다. 많은 노력을 기울였음에도 불구하고 중요한 보너스 프로그램을 놓치는 수도 있을 것이다. 그런 일들은 있게 마련이고 여러분의 선배들도 모두 그런 과정을 겪었다.

그러나 문제가 생길 때 그 장애물 자체에 집착하기보다는 그 뒤에 있는 자신의 목표에 집중할 필요가 있다. 큰 그림을 보고 당장 보이는 작은 장애물보다는 그 뒤에 기다리고 있는 큰 상에 눈을 돌리도록 하라.

30일 ▌ 리더가 되라

크고 성공한 네트워크 마케팅 판매조직 꼭대기에는 항상 리더가 있다. 이는 다른 사람들이 모든 능력을 발휘하도록 돕는 사람이다. 이는 미래에 대한 열정적 비전을 갖고 있으며 그 비전을 통해 남들을 격려하고 지도하는 사람이다. 또 남들과 성공적인 관계를 맺고 또 잘 지켜나가는 사람이다. 이런 사람들은 또 자기가 속한 공동사회에서도 활발한 역할을 하고 가족 관계도 좋으며 좋은 친구도 많다.

사업에서 가장 중요한 일은 자기 나름대로의 통솔력을 개발하는 것이다. 조직에 어떻게 영감을 불어넣을 것인가? 좋은 인간관계를 만들어 나가기 위해서 어떤 습관을 익혔나? 다른 사람들이 자기 능력을 최대한 발휘할 수 있도록 돕고 있나?

리더십 연구가가 되겠다는 의지를 가져라. 리더십에 대해서는 많은 글과 책들이 나와 있다. 그것들을 읽어 보고 중요한 것은 메모를 하고 남들은 어떻게 생각하는지 의견을 나누라. 카렌 헤이건은 내면에서 준비가 돼 있으려면 겉으로도 준비가 돼 있어야 한다고 말한다. 자기 리더십 정신을 글로 적어 지갑 속에 넣고 다녀라. 또 매주 몇 분 정도 시간을 내서 자신이 정한 리더십 정신에 따라 살고 있는지를 점검하라. 리더십 기술 개발을 중요하게 여길수록 여러분의 조직도 성장할 것이다.

1개월 이후 | 배운 것을 반복 학습하라

여러분은 '네트워크 마케팅 30일 작전'이 실제로는 30일보다 훨씬 더 걸린다는 사실을 깨달았을 것이다. 이 지혜들은 네트워크 마케팅 조직을 키우기 위해 평생 활용할 수 있는 아이디어와 전략을 제공하고 있다. 이 아이디어들을 늘 가까이 하라. 그러면 사업에 대해 훨씬 빨리 배우게 될 것이다. 필요할 때마다 이 지혜들을 다시 읽어보라. 여러분이 직접 경험을 할수록 이 지혜들의 의미가 깊어질 것이다.

잠시 시간을 내 여러분 앞에 놓여 있는 여정을 음미해 보라. 여러분은 이제 인생에서 엄청난 도약을 하게 되는 것이다. 새로운 사람들과 새로운 친구들을 만나게 될 것이다. 자신도 미처 몰랐던 기술과 재능을 갖고 있음을 새로이 발견하게 될 것이다. 여러분은 더 성숙한 사람이 될 것이다. 이 모든 것을 받아들이고 즐기도록 하라. 또 남들과도 많이 나누도록 하라!

따뜻한 마음으로 아랫사람을 대하라

이름: 그레이스 듈레이니
취급 제품: 통신 및 통합 기술 상품
사업 경력: 10년
성취 내용: 그레이스는 회사 내 첫 수석이사가 되었고 가장 성공한 사람들이 속하는 최고 클럽의 멤버가 되었다. 또 두 자녀를 혼자 키우느라 파트 타임으로 사업을 하면서도 그 모든 것을 이뤄냈다. 그레이스는 자기 판매조직의 1단계 간부와 결혼하여 현재 출산을 앞두고 있다. 그레이스는 가정을 지키는 엄마이면서 동시에 자유롭고 확실한 사업을 통해 가정 경제에도 큰 기여를 하고 있다.

다른 여성들과 그룹을 지어 산에 오르고 있는데 중턱쯤에서 정상까지 올라갈 자신이 없어졌다고 치자. 그럴 때는 그레이스 듈레이니 같은 사람의 뒤로 들어가는 것이 현명한 처사일 것이다. 그레이스에게서는 뭔가 꼭대기까지 올라갈 것 같은 담력, 기술과 재능 따위가 느껴진다. 사업을 시작한 지 2주밖에 안 됐을 때 그레이스는 선배 회원인 간부 여섯 명 모두에게 자신이 최고의 사업자만이 가입하는 클럽의 멤버가 되겠다고 말했다. 지금 그레이스는 그 클럽의 멤버이기도 하고 또 수석이사이기도 하다. 많은 여자와 남자들 또한 단호하고 흔들림 없는 그녀의 발걸음을 따라가는 것만으로도 정상까지 올라갔다.

처음 사업 프리젠테이션을 봤을 때 그레이스는 금방 흥미를 느꼈고 자기가 사람들 앞에서 프리젠테이션을 하고 있는 것을 상상까지 했다고 한다. 너무 준비가 잘 돼 있어 사업을 시작하고 3개월째에 그녀는 이미 3만 달러의 실적을 올려 간부가 됐다. 당시 놀이방을 운영하고 있어 자유시간이 별로 없었지만 그래도 열심이었다. 그레이스는 아이들이 낮잠을 자는 동안에는 전화로 일을 했고 사업은 폭발적으로 성장하기 시작했다.

그레이스는 샌디에고에서 태어나고 성장했으며 대학은 UC 샌디에고와 UCLA를 다 합쳐 3년 다녔다. 대학 시절 여름 방학 두 번을 유럽에서 지냈는데 그 경험이 넓은 세상에 나가 일하고 싶다는 욕망을 불러일으켰다. 그래서 학교를 그만뒀지만 그 후 15년을 그레이스는 그 결정에 대해 후회하며 보냈다.

"중간에 포기하지 않는 성격인데다 또 교육을 귀중하게 여겼으므로 나는 그것을 실패라고 봤습니다. 그래서 계속 '대학 학위가 없어 진짜 직업은 절대 못 가지게 될 것'이라고 생각하고는 했습니다. 물론 네트워크 마케팅을 알게 되고 나서는 '진짜 직업' 같은 것은 전혀 갖고 싶지 않게 됐지요."

그레이스의 대학 시절 꿈은 해외와 관련된 자기 사업을 하는 것이었다. 여행사 일을 하면 세계를 여행할 수 있을 것이라 생각하고 그레이스는 여행사를 했다. 그런데 8년 동안 책상에 앉아 다른 사람들을 여행 보내는 일만 했다고 한다. 그레이스는 누군가가 사무실에 들어와 아무 사업이라도 알려 주면 당장 할 것 같았다고 당시를 회상했다.

이혼 후 그레이스는 자기 봉급의 반을 놀이방에 갖다 주고 있음을 깨달았다. 그래서 1986년 집에서 놀이방 사업을 시작했다. 차고를 교실로 바꾸고 사업 허가를 얻고 필요한 것들을 사느라고 약 4천 달러를 썼다. 광고는 하지 않았지만 입소문을 통해 놀이방은 정원을 채울 수 있었다. 그 후 4년 반 동안 그레이스는 놀이방 사업을 통해 괜찮은 수입도 올리고 집에서 아이들을 돌볼 수 있었다.

그러나 다른 것들을 놓치고 있었다. 놀이방을 시작하고 4년 동안 그레이스는 쉬지 않고 일했고 휴가도 한번 못 갔다. 마침내 호주로 휴가를 갔을 때 그레이스는 "일하지 않으면 소득이 전혀 없다."는, 사업주들이라면 이미 모두 알고 있는 사실을 절감하게 됐다. 호주에서 돈을 쓰고 있는 동안 놀이방 문을 닫게 되니 들어오는 돈이 없어 경제적으로 큰 타격을 입게 된 것이다.

"집으로 돌아오는 비행기에서 나는 두 가지를 깨닫게 됐습니다. 하나는 수입이 일과 직접 연결돼 있으면 올가미가 되어 목을 죄게 된다는 사실이었습니다. 또 국제적 사업을 한다는 오래 전에 포기한 꿈을 다시 되살려야 한다는 것이 두 번째 것이었습니다. 하와이 상공 어디쯤에선가 나는 미국과 호주 간에 할 수 있는 사업을 찾기로 결심했습니다."

그로부터 3개월 후에 그레이스는 지금 다니고 있는 회사의 견학여행에 초대됐다. 회사는 미국에서 사업 중이었고 캐나다에서도 막 사업을 시작한 상태였다. 또 호주, 유럽, 아시아 등에서 사업 개시를 계획하고 있다는 설명이 그레이스의 관심을 끌었다. 잔여 소득에 대한 설명도 있었는데 호주 휴가를 통해 당장 일을 안 하면 의지할 소득이 없는 상황을 이미 체험한 터라 설득력이 있었다. 그레이스는 네트워크 마케팅이 자기에게 맞는 사업이라는 것을 알게 됐다.

다음에는 회사 시설을 견학했는데 그레이스의 후원자가 주최한 이 회의에는 약 400명이 참가하고 있었다. 그레이스는 남자들이 모두 월스트리트의 은행가들처럼 정장을 하고 있는 데 놀랐다. 또 사람들의 수준에 깜짝 놀랐고 이제 자기 자리를 찾았다는 느낌을 받았다. 그레이스는 곧 사업을 시작했다.

그런데 비극이 줄줄이 일어났다. 62세이던 그레이스의 아버지가 암으로 사망했다. 3개월 후에는 25살 된 남 동생이 오토바이 사고를 당해 죽었다. 그로부터 6개월 후에는 다니던 회사가 언론과 당국의 강도 높은 조사를 받았다. 그레이스는 하위 간부 회원들 중 한 명만 빼고 다 잃었으며 상위 후원자인 간부들도 여러 명을 잃었다. 사업에 전념하기 위해 놀이방 사업을 직전에 그만둔 상태라 이런 일련의 사건들은 큰 타격이었다. 그레이스는 차, 집, 하위 회원, 상위 후원자를 잃었고 교통사고로 각기 두 살, 여섯 살이던 어린 조카 두 명을 더 잃었다. 아침에 일어날 때면 잔인한 세상은 물러가라고 외치고 싶은 때도 있었지만 희망이 자신을 지탱하게 해줬다.

엄청난 변화들을 겪으면서도 그레이스는 한 번도 회사나 자기 수중에 있는 기회에 대해 믿음을 잃은 적은 없었다. 곧 회사는 다시 움직이기 시작하여 새로운 해외 시장들을 열고 신규 사업에도 착수했다. 회사가 있는 한 자기도 있다는 것이 그레이스의 확고한 태도였다. 그녀는 사업을 살리기 위해 필요한 일은 모두 했고 자신의 꿈을 포기하지 않았다.

하위 회원이 소유하고 있는 치과 기공소를 위한 마케팅 활동도 했고, 의류 소매점에서 일하기도 했으며 생활비를 벌기 위해 아무도 모르게 가정집 청소 일까지 했다. 그 와중에도 그레이스는 사업을 계속 키웠다. 멕시코에 큰 조직을 만들었고 시장 개척을 위해 유럽을 방문했다.

중학교 1학년이던 아들이 사립 군사학교에 가기를 원하자 그레이스는 학교에 마케팅/학생 모집 담당 이사라는 자리를 만들어 자기가 맡았다. 아들의 학비를 면제 받고 수입이 일정해지자 그레이스는 사업에 더 많은 시간을 투입할 수 있었다. 또 아들 학교를 통해 네트워크 마케팅 사업에 중요한 사람들도 알게 됐다. 당시 회사는 태국과 필리핀 시장에 주력하고 있었다.

평생 다른 사람들을 돕는다는 사명감의 일환으로 그레이스는 입양 알선을 통해 미혼모들을 돕는 비영리 단체를 시작했다. 또 10대에 부모가 된 청소년들이 아기들에게 건강한 환경을 제공하기 위해 학교교육을 계속 받도록 장려하는 프로그램을 지원했다. 그레이스는 대단한 청소년 지도 프로그램의 개발을 도왔고 1년 반이라는 기간 중에 대규모 모금 행사를 6건이나 주최했다. 그녀는 야심찬 목표를 세우고는 7년 전에 공표했던 최고 클럽의 멤버가 된다는 목표를 향해 빠른 속도로 전진했다.

"비영리 단체에서의 엄청난 성공과 창립자 겸 이사장 역할을 하며 사람을 모으고 통솔하는 기술을 개발한 것이 사업에서도 큰 자신감을 갖게 해 줬습니다. 드디어 그 클럽의 멤버가 되었을 때 저는 공중에 둥둥

그레이스 둘레이니에게서 배우는 네트워크 마케팅 지혜

- **자신의 목표 달성을 위해 최선을 다하라.** 각종 지침서들의 가르침을 한 마디로 요약한다면 자기가 하고자 하는 일에 최선을 다하고 그것을 달성하기 위해 필요한 모든 일을 다 할 준비가 돼 있어야 한다는 것이다.

- **자기 훈련은 자기 사랑과 같다.** 성공을 위해 매일 할 수 있는 생활 습관을 개발하라. 그러면 매일 승리자가 될 것이다.

- **신규 회원들에게 희망을 불어넣어 주되 항상 현실을 그대로 보여줘라.** 하위 회원들에 대한 책임은 있지만 그렇다고 그 사람들 책임까지 떠맡아서는 안 된다.

- **배수의 진을 치지 마라.** 주위 사람들과의 관계를 보호하라. 사업을 키우는 데 그 사람들이 중요한 자원이 될 것이다.

- **가까운 주위 사람들을 활용해 적합한 사람들에게 접근하라.** 이 사업의 알짜는 아는 시장과 전혀 모르는 시장 사이에 놓여 있다. 6단계를 거치면 누구든지 다 연결이 된다는 사실을 기억하라.

- **마음대로 할 수 있는 것은 자기뿐이다.** 상위 후원자나 하위 회원을 마음대로 할 수는 없으며 회사나 세계 경제에 대해서도 마찬가지다. 그걸 이해하면 큰 교훈을 배운 것이다.

떠 있는 것 같았습니다. 지금 나는 행복한 결혼 생활을 하고 있으며 아기의 탄생을 기다리고 있습니다. 계속 일을 하지 않더라도 잔여 소득에 의지할 수 있는 탄탄한 사업을 갖고 있으며 내가 좋아하는 일을 하고 있습니다. 처음으로 나는 집에서 사업과 아기를 함께 돌보게 됩니다. 이 사업은 내가 그림을 그릴 물감이자 춤을 출 무대입니다. 열정, 지식 등 내가 받은 풍족한 은혜로 사람들의 삶을 윤택하게 하는 내 삶의 목적을 온전히 그려낼 수 있는 도구입니다".

마력의 발견

이름: 카렌 헤이건
취급 제품: 건강/보건 관련 제품, 고급 식료품, 환경친화적 가정용품 등
사업 경력: 13 년
성취 내용: 회사 내 최고 클럽 멤버이며 네트워크 마케팅 사업을 통해 14번이나 세계
　　　　　여행 보너스를 탔다.

　고등학교 졸업장 밖에 없고 약간의 비서 경력이 있는 여성이 40세가
됐을 때 직장에 복귀한다면 자기의 타고난 재능만을 가지고 맨 위까지
올라갈 수 있는 확률이 얼마나 될까? 네트워크 마케팅을 선택하면 가능
성이 높다고 카렌 헤이건은 말할 것이다. 사업의 어떤 면이 가장 마음에
드냐고 물으면 카렌은 수입과 승진에 상한선이 없다는 것을 든다.

　카렌 헤이건은 고등학교를 졸업하자마자 비서 일을 시작했다. 22살
때 시애틀로 이사할 무렵에는 자신의 능력에 대해 잘 알고 있었다. 어떤
대기업에 들어가려고 할 때 인사 담당자는 고위 간부 비서를 하자면 최
소한 28세는 되야 한다고 말했지만 그녀는 들으려 하지도 않았다. 인터
뷰에서 그녀는 일을 얼마든지 해낼 수 있다며 기회만 달라고 말했다. 그
녀는 그 회사에 들어가 부사장 비서로 일했는데 가정을 꾸미기 위해 그
만 둘 때 아직 28세도 안된 상태였다.

　아이가 세 명이나 생기고 13년이 지난 후에도 카렌은 전업 주부 역할
을 즐기고 있었다. 그러나 편안한 생활을 계속하자면 추가 수입이 필요
하다는 사실을 부인할 수 없게 되자 그녀는 마지 못해 직장에 복귀했다.

파트 타임 비서 자리를 얻었는데 집에 들어가 있는 동안 기업 세계에는 큰 변화가 있었다. 타이프는 없어졌고 모두가 다 컴퓨터를 사용하고 있었다. 새로운 기술들을 익혀야 했지만 그런 것은 그녀에게 별 문제가 되지 않았다. 그녀는 일을 잘했고 어느 새 풀타임 직원이 돼 있었다.

아이들은 아직 어렸고 남편은 출장이 잦았다. 학교 휴일이나 여름 방학을 함께 지내기는 거의 불가능했다. 수입도 대단한 것이 아니었다. 더 실망스러운 것은 회사에서 10년, 20년을 일하고도 아직도 괜찮은 보수나 책임 있는 자리를 얻지 못하고 있는 주변 여자 동료들이 눈에 들어오기 시작했다. 장래성도 없는 일을 무엇 때문에 열심히 한다는 말인가?

카렌은 남편 사업을 돕기 위해 직장을 그만뒀다. 거기서는 최소한 출퇴근 시간은 자유로울 것 같았기 때문이다. 그러나 잘못된 생각이었다. 고용주로서 카렌 부부는 항상 제일 먼저 출근해 가장 나중에 퇴근해야 했다. 카렌은 거의 우연히 네트워크 마케팅 사업에 들어가게 됐다. 제품을 사서 써보니 마음에 들었고 그래서 물건을 도매가에 살 수 있는 방법을 찾고 있었다. 카렌은 자기를 모집한 후원자가 자기에게 사업 기회를 제시하고 있다는 사실조차 이해하지 못했다. 마침내 회원으로 등록하기로 한 후에야 카렌은 이에 대해 모든 것을 알아보기로 했다. 남편은 카렌의 '귀여운 꼬마 사업'에 대해 놀리고는 했는데 다행히 그 놀림이 오래 가지는 않았다.

회사에 대해 어느 정도 익숙해지자 회사의 사업자들이 대부분 나이든 남자들로 사업을 확장할 수 있는 좋은 기회들을 놓치고 있는 것이 눈에 들어왔다. 그들은 제품에만 신경을 썼지 사람한테는 신경을 쓰지 않고 있었다. 또 고객과의 관계를 구축하여 반복적으로 물건을 소개할 수 있는 기회를 마련하고 있지도 않았다. 간단히 말해 그들은 네트워크를 만들지 않고 있었다. 자기들 밑에 있는 회원들을 도와 줄 생각도 안 했고 자기들한테 도움이 될 만한 새로운 방법에 대해서도 관심이 없었다.

카렌은 더 좋은 방법이 있을 거라고 생각했다. '꼬마 사업'을 위한 아이디어 개발을 위해 남편 사업에서 하던 일을 점차 줄여나갔다. 자기의 성취 목표를 눈앞에 그려보고 싶어 조직 내에서 모범이 될 만한 사람을 찾아보았지만 똑같이 되고 싶다는 마음이 드는 사람이 없었다. 대신 카렌은 밖에서 스승을 찾았다. 기업체 간부로 성공한 친구였다. 스승을 찾자 관리 및 지도하는 기술을 익히고 자신감을 쌓는 데 도움이 됐다.

카렌은 주위에서 아무도 안 하는 일을 했다. 제품 소개와 신규 회원 모집을 위해 파티를 연 것이다. 이렇게 함으로써 일주일에 이틀 저녁을 일하면 주 40시간을 일할 때만큼 수입을 올릴 수 있었다. 카렌은 다른 여자들에게도 파티 주최를 부탁하고 파티에서 사람들에게 회원이 될 것을 권했다. 파티를 주최한 사람들이 별 관심이 없더라도 다른 참석자들은 종종 관심을 보였다. 곧 카렌의 조직에는 수 명의 여성들이 합류했다.

카렌의 경영 비법 중 하나는 자기 그룹 내 회원들을 절대로 자기의 '아래' 사람으로 보지 않는다는 것이다. 그들 모두를 파트너로 대한다. 카렌은 회원들에게 "이 사업은 자신을 긍정하고, 남을 돕고, 기회를 포착하는 것"이라고 말한다. 또 자신은 추종자들을 키우려고 하는 것이 아니라 리더들을 키우려고 한다는 점을 강조한다. 또 이 사업에는 경쟁이 없으므로 다른 사람들이 위로 올라갈 수 있도록 언제든지 자리를 비켜줘야 한다고 말한다.

카렌은 칭찬을 많이 해주는 것의 가치를 알며 회원들이 스스로를 성공했다고 상상하고 그에 맞는 모습을 보일 것을 권한다. 또 다른 사람들을 도와주는 것에는 찬성이지만 입에 넣어주기까지 하는 것은 반대이다. 사람들은 일을 스스로 해냈다고 느끼고 싶어하기 때문이다.

카렌은 또 사람들의 가능성을 믿으며 자신감과 타고난 재능을 키워주기 위해 노력한다. 그녀는 사람들이 속에 마력을 숨기고 있다고 믿는다. 특히 여성들 경우에는 그것을 발견할 수만 있으면 된다는 것이다.

13년간 사업을 한 후에 카렌은 캐나다에서 가장 성공적인 사업자가 됐다. 그녀의 한 달 수입은 잘 받는 비서의 1년 연봉보다 많다. 이미 수년 전에 카렌의 남편은 사업 초창기에 던지던 농담을 그만뒀고 지금은 오히려 사업에 합류했다. 이들 부부는 자신들의 특기에 따라 일을 분담하고 사업을 키우는 데 대한 카렌의 철학에 대해서도 의견이 맞기 때문에 좋은 협력관계를 유지하고 있다. 카렌의 남편은 자기는 "바닐라를 파는 것이 아니라 바닐라를 판매할 기회를 파는 것"이라고 말한다.

카렌이 애용하던 로열 타이프라이터는 먼지에 쌓인 채 버려져 있다. 카렌은 인터랙티브 웹사이트를 구축하여 함께 일하는 여성들과 연락하고 의견도 나누고 있다. 문제는 없느냐는 질문에 카렌은 자기가 좀 완벽주의자라고 고백한다. 어떤 때는 자기가 원하는 방식대로 일이 진행되

카렌 헤이건에게서 배우는 네트워크 마케팅 지혜

- **이를 가족 전체의 사업으로 만들라.** 카렌이 직장에 복귀했을 당시 세 아이들은 각기 11살, 14살, 16살이었다. 네트워크 마케팅은 그녀에게 아이들의 활동에 참여할 수 있는 자유를 줬다. 카렌은 대신 아이들도 일을 돕게 했다. 아이들은 주문 받은 상품 포장, 카탈로그에 스템프 찍기 같은 일을 해 주면서 선생님이나 친구 엄마들에게 제품 소개까지 하고 있다. 지금은 자녀 3명 모두가 판매와 마케팅에 참여하고 있다. 카렌은 엄마가 사업에 성공하는 것을 보는 것이 아이들의 자신감 발달에도 도움을 줬을 것으로 믿고 있다.

- **네트워크 마케팅의 라이프 스타일을 활용하라.** 일반 직장과 비교한 네트워크 마케팅 사업의 이점을 카렌은 다음과 같이 들었다.
  - 여행 계획
  - 가족과 지낼 수 있는 시간
  - 자유 시간과 그 시간을 즐기는 데 필요한 경제력
  - 어디서든 살면서 사업을 할 수 있는 자유
  - 정년 퇴직 시기를 기다릴 필요 없이 퇴직자 생활 방식대로 살 수 있다.
  - 은퇴 후에도 보장된 잔여 소득

- **어렵더라도 이겨내야 한다.**
  - 사업과 다른 사람을 돕는 일에 열중하라.
  - 사소한 일에 사로잡히지 말라.
  - 해결 가능한 문제이면 해결하고 아니면 그냥 지나쳐라.
  - 자신의 신념과 믿음을 굳건히 지켜라.
  - 어려울 때는 각별한 사이인 사람들을 골라 이야기를 나누어라.

지 않지만 그래도 뒤로 물러서 있으려고 노력한다고 한다. 사람들은 스스로 한 일에 가장 애착을 갖기 때문이다.

카렌의 사업으로 인한 또 다른 선물은 아이들도 자기 능력과 사업가로서의 성공 가능성에 대해 자신감을 갖게 됐다는 점이다. 자기 소유의 사업을 잘 해나가고 있는 카렌의 딸은 최근 엄마에게 좀 조언을 해달라고 부탁했다. 카렌은 수면 위에서 보면 가만히 있는 것 같지만 물 속에서는 쉬지 않고 발을 움직이고 있는 오리처럼 하면 된다고 말해줬다.

카렌 정도의 에너지와 일에 대한 도덕성이라면 무슨 사업에서든지 성공했을 수도 있다. 그래도 40살의 나이에 이력서를 쓰거나, 상관에게 아부하거나 유리 천정에 머리를 부딪힐 필요 없이 자신의 상당한 경영 및 통솔 기술을 활용할 수 있었던 것은 축복이었다. 네트워크 마케팅이 카렌으로 하여금 자신의 마력을 발견하도록 한 것이다.

성공한 여성들의 말, 말, 말…

회원모집에 대하여

"조직적으로 일하세요! 정보를 요약해서 설명하고 사람들에게 한꺼번에 너무 많은 정보를 주려고 하지 마세요."

― 엘렌 웨버

"솔직하고 직접적이되 부드럽게 말하세요. 앞으로 나아가기 위해서는 한 발 물러서는 것도 필요합니다. 너무 극성맞아 보이는 것은 좋지 않습니다."

― 케리 린 버스컥

"처음에는 여성간의 친근한 감정으로 시작하세요! 그리고 나서 후보자의 마음을 건드리는 강력한 질문을 던짐으로써 그녀가 마음의 빗장을 열고 행동으로 나서게 하세요."

― 그레이스 듈레이니

"여성들의 마음을 움직이는 것이 가장 중요합니다. 그러나 그것이 하루아침에 이루어지는 것은 아닙니다. 먼저 자기훈련을 쌓아야 합니다. 이것은 시간이 소요되는 일이죠. 먼저 사람들을 사랑해야 합니다. 그리고 계속해서 만나고, 만나고 또 만나야 합니다! 인내심을 가지십시오. 로마는 하루아침에 세워지지 않았다는 것을 명심하세요."

— 캐롤린 와드

"사람들과 만날 수 있는 기회를 절대 포기하지 마십시오. 성공한 사람들로부터 배우세요. 그리고 언제라도 후보자가 될 사람을 만날 수 있으므로 늘 스스로를 준비해야 합니다."

— 로리 데이비스

"마음속으로부터 우러나는 말을 되도록 간단히 하세요. 그리고 마음으로부터 상대의 말을 들으십시오."

— 진 웬트

"정직해야 합니다! 이 사업의 좋은 점뿐 아니라 어려운 점들도 솔직하게 말해주세요. 아이들과 같이 시간을 보낼 수 있어서 좋은 반면에 이 일을 잘 해나가기 위해서 힘을 쏟아야 하는 면들이 있다는 것도 빼놓지 말고 말하세요."

— 바버라 뮤켈

"쇼핑하면서 회원을 모집하세요."　　　　　　　　— 앤 왕

"어떤 일이 있더라도 명랑한 모습을 잃지 말아야 합니다."
　　　　　　　　　　　　　　　　　— 미셸 메세르

"집중, 집중, 또 집중하세요."　　　　　　　　— 뮤리엘 페라리

"스스로 별로 좋아하는 것 같지 않은 제품은 절대 남에게 팔 수 없다는 걸 명심하세요."　　　　　　　— 패트라이스 존스

"회사와 제품 그리고 스스로에 대한 믿음이 있어야 합니다. 믿음이 없다면 아무 것도 이룰 수가 없어요."　　　— 레베카 펜스

"만약 누군가가 '노' 라고 말하면 바로 다음 사람으로 움직이세요! 절대 자신이 하고 있는 일에 대해 '방어' 하려고 하지 마세요. 스스로를 믿고 부정적인 시각을 떨쳐 버리세요."
　　　　　　　　　　　　　　　　　— 라우레 리들

"먼저 듣는 법을 배우세요. 그리고 '예스' 라는 답을 이끌 수 있는 긍정적인 질문을 던지세요"　　　　　　— 아니타 부시

"중요한 것은 네트워크 마케팅으로 여자들을 끌어들이느냐 아니냐가 아닙니다. 어떤 사람들을 그리고 또 얼마나 많이 모집하는가가 중요합니다. 가장 중요한 것은 아주 능률적이고 영향이 높은 여성들을 선택해야 한다는 겁니다. 그래야만 시장에서 힘을 발휘할 수 있게 됩니다.

결혼한 젊은 여성들 가운데서 후보자를 고르세요. 이들 대부분은 교육 수준이 높으며 뚜렷한 목표를 가지고 있습니다. 오늘날의 젊은 여성들은 이전 세대들보다 사업 감각이 더 뛰어납니다. 이들은 똑똑하고 분명하며 스스로가 원하는 것이 무엇인지, 또 그것을 얻으려면 어떻게 해야 하는지 잘 알고 있습니다. 따라서 이전 세대들을 상대로 했던 교육 및 훈련 프로그램들은 이 젊은 프로들에게는 적절하지 않습니다.

그런데 대부분의 젊은 여성들은 결혼을 미루고 있어요. 이들은 꿈을 안고 대학을 졸업하고 한 손 가득히 욕망을 움켜쥐고 있으며 세상을 지배하려고 합니다. 일이 먼저이고 가족은 나중인 경우도 있습니다. 이들은 싱글인 것을 즐기고 편안해 합니다. 이들 젊은 여성들은 사람들과 적극적으로 교류하고 관계를 맺습니다. 21세기의 여성들은 더 이상 의자 깊숙이 몸을 숨기지 않지요. 그리고 백마를 탄 왕자님이 나타나기를 기다리지도 않습니다. 그들은 스스로의 왕국을 세우고자 합니다.

한편 나이가 든 여성들은 보물과 같습니다. 가능한 한 이런 여성들을 모집하도록 하세요. 이들은 시간과 에너지가 풍부하며 사람들을 조직하는 데 뛰어납니다. 이들은 매사에 능수능란하며 아주 현명합니다. 사람들과 의사소통하는 기술이 뛰어나며 다른 사람들을 관리하고 그들을 북돋아주는 일을 자연스럽게 해 냅니다.

표지만 보고 책을 선택하지 말라는 말은 모집하는 여성들에게도 그대로 해당됩니다. 이것은 경험으로 체득된 것입니다. 키가 크든 작든, 그 외모와 상관없이 가장 성공적인 여성들은 스스로에 대해 높은 자긍심을 가진 여성들입니다. 나이를 막론하고 '내공'을 쌓는 데 시간을 투자하고 자긍심을 가진 여성들이라면 꼭 영입하도록 하십시오. 이런 사람들은 대개 아주 풍부한 삶을 살아가고 있습니다. 스스로에 대한 자신감과 편한 감정을 가지고 있는 여성들은 순금 덩어리와 같은 가치가 있으며 이런 여성들과 같이 일한다면 어떤 사업이든 행운을 얻게 될 것입니다."

— 펫 데이비스, 네트워크 마케팅 튜터사 사장

여성이 여성을 돕는다

　"우리 조직의 여자들은 '우먼 온 파이어'라는 팀 개념을 도입해서 서로를 지원합니다. 우리들은 다섯 명에서 열 명 정도의 작은 팀으로 나누어서 서로 날마다 보이스메일 시스템을 통해 의견을 주고받습니다. 일주일 혹은 일일 사업목표를 세우고 상대방과 의견을 나눕니다. 이런 활동의 목적은 책임감을 가지자는 것이고 성공과 고난의 순간들을 함께 하자는 것입니다. 여성들은 대개 속마음을 털어놓는 대화를 나누고 싶어하는데 이 시스템을 통해서 그것이 가능합니다. 그리고 어떤 것이 도움이 되고 어떤 것이 도움이 안 되는지 솔직히 서로 말합니다. 이런 활동을 통해 우리는 또 하나의 보이지 않는 이득을 얻는데 그것은 서로간의 강한 유대감입니다. 그래서인지 여기에서 나가는 여성들이 별로 없습니다. 한 번 이 팀에 들어오면 여성들은 매우 높은 참여율을 보입니다."

— 스테파니 스톨츠

　"새로 들어온 회원들을 위해서는 지도자를 배정해 줍니다. 또 오래된 사람들 간에는 유대감을 강화하는 시간을 갖습니다. 우리는 팀으로 일하죠. 이 사업은 혼자서 하면 재미가 없습니다. 우리는 세미나 혹은 오찬을 통해서 여성들이 도전하고 있는 문제들이 무엇인지에 대해 격의 없는 토론을 벌이기도 합니다."

— 베티 마일즈

균형 잡힌 삶을 위하여

다음은 대부분의 여성들이 삶의 균형을 잡기 위해서 널리 쓰이고 있는 방법이다. 이 책을 위해 인터뷰한 여성들은 이같은 방법으로 삶의 평화와 균형을 얻는다고 한다.

- 매일 정신적, 육체적 그리고 감정적으로 조용한 시간을 가진다.
- 명상한다.
- 기도한다 : 하느님에게 얘기하고 그 분의 말씀을 듣는다.
- 일기를 쓴다.
- 운동한다 (자전거, 걷기, 수영, 테니스 등).
- 독서한다.
- 남편 혹은 당신에게 중요한 사람과 데이트한다.
- 가족 혹은 사랑하는 사람들과의 시간을 사업만큼이나 중요하게 여긴다.
- 영화, 연극, 음악회 등에 자주 간다.
- 최소한 일주일에 한 번쯤은 틀에 박인 일정에서 벗어난다.

- 가족이나 친구들과 함께 개인적으로 좋아하는 일을 한다.
- 가능한 자주 가벼운 음악을 듣는다.
- 자연을 벗삼는다.
- 개를 데리고 산책한다.
- 요가를 한다.
- 당신의 삶에서 부정적인 사람들의 접근을 차단한다.
- 매일 매일을 선물로 생각한다. 오늘이 생애 최고의 날이 될 것이라고 생각한다.
- 스스로를 위한 시간을 만들고 반드시 그것을 지킨다.
- 그림을 그리고 공예품을 만들어본다.
- 당신의 꿈과 목표에 가족들을 포함시킨다. 그리고 그들이 당신에게 얼마나 소중한 존재인가를 알려준다.
- 먼저 가족을 생각한다. 가족에게 문제가 있다면 사업에도 영향을 끼칠 것이다.
- 젊은이들이나 어린이들과 어울린다. 그들로부터 즐겁게 웃는 법을 배울 수 있다.
- 나이든 사람들로부터 조언을 구한다.
- 많이 웃는다.
- '노' 라고 말하는 법을 배운다. 누군가 말도 안 되는 요구를 한다면 그것에 맞추기 위해 당황하고 짜증을 내기보다는 그저 '노' 라고 말한다.

- 사소한 일에 목숨걸지 않는다.

- 가벼운 음악을 듣거나 책을 읽는다.

- 공원에 가서 그네를 탄다.

- 영양제 등을 복용하여 스스로의 건강을 돌본다.

회사 선택에 대하여

"재정적으로 튼튼하고 경영철학이 일관되어 있는 회사를 선택하십시오. 제품의 질이 좋고 국제적인 시장에서 활동하며 사업자들에게 끊임없이 새롭고 다양한 제품을 제공해주는 회사를 선택하세요."

— *마거리트 성*

"초기 비용이 얼마가 드는지 고려하세요. 그리고 회사의 명성도 중요하지요. 그리고 제품이 계속해서 새로 충당이 되는지 따져보세요. 과연 그것을 스스로 신뢰할 수 있는지 생각하세요."

— *미키 크라울*

"네트워크 마케팅을 고려하고 있는 사람이라면 반드시 다음 사항을 염두에 두고 회사를 선택해야 합니다."

- 적어도 18개월은 넘은 회사라야 한다.
- 세계 시장으로 확산할 수 있어야 한다.
- 품질을 보증할 수 있는 소비재 제품을 판매해야 한다.
- 사람들에게 자랑스럽게 소개할 수 있어야 한다.
- 모든 사업자들에게 공정한 기회를 제공해야 한다.
- 경쟁력 있는 회사라야 한다.

― 수잔 엘리자베스 웨이틀리

"대부분의 사람들, 특히 여자들은 우선 제품에 흠뻑 빠지게 됩니다. 그리고 그 회사의 문화를 경험합니다. 그런 다음 자신이 체험한 것에 대해 믿음이 가야 합니다."

― 로빈 코헨

무엇이 필요한가

"여성들은 성공적인 사업을 일구고 재정적인 자유를 얻을 수 있는 강한 힘을 가지고 있습니다. 그러나 성공은 하루아침에 얻을 수 있는 것이 아닙니다. 그것은 시간과 노력을 요합니다."

― 미키 크라울

"시간과 노력을 들이지 않고도 일단 네트워크 마케팅 사업을 시작하기만 하면 많은 돈을 벌 수 있다고 생각하는 사람들이 있습니다. 그리고 실패하면 그들은 네트워크 마케팅 업계를 비난합니다. 이 사업도 다른 것과 다를 바가 없습니다. 노력하고 인내해야 한다는 것이죠. 누구든 어느 정도 희생을 감내할 각오가 되어 있다면 보상을 받게 되어 있습니다!'

— 릴리 윌릭

"성공하기 위해서는 어느 정도 모험을 하고 위험을 감수해야 합니다. 그러나 가장 중요한 것은 본인의 노력입니다. 우리가 결과를 좌지우지할 수는 없습니다. 다만 우리의 노력만큼은 우리 스스로의 힘으로 할 수 있는 것입니다. 또한, 사람들에게 접근하는 방식도 자신이 생각하기에 남이 좋아할 것이라고 여겨지는 방식으로 해야 합니다. 저는 대부분의 세일즈맨들이 너무 '떠벌리지' 않는다면 지금보다 훨씬 더 잘 할 수 있으리라고 생각합니다."

— 케리 린 버스컥

이 책이 현실화될 수 있도록 도와주신 네트워크 마케팅 업계의 모든 훌륭한 여성분들에게 감사드린다. 그리고 나의 가족과 친구들에게 고맙다는 말을 전하고 싶다. 그리고 내가 내 역할을 충실히 할 수 있도록 옆에서 도와준 리자에게 특히 감사의 말을 전한다.

— 안젤라 무어

내가 이 일을 할 수 있다고 말해준 안젤라에게 감사드린다. 또 내가 반드시 이 일을 해야 한다고 말했던 다씨에게도 고마운 마음 전하고 싶다. 엄마가 책을 쓴다는 사실을 즐겁게 받아들인 우리 아이들, 카일, 매기, 이안, 정말 고맙다.

— 리자 스트링펠로우

저자

안젤라 무어

네트워크 마케팅 경력 20년인 안젤라 무어는 이 분야의 전문가이자 활발한 강연 활동을 하고 있다. *Building a Successful Network Marketing Company*의 저자이며 자신의 컨설팅 회사를 가지고 있다. 마케팅 전략과 고객 획득, 회원 유지 및 국제적인 시장 확장 그리고 대 여성 마케팅을 전문으로 하고 있다.

리자 스트링펠로우

네트워크 마케팅 경력 19년인 리자 스트링펠로우는 작가이며 여러 대기업들을 위해 크리에이티브 디렉터로 일했다. 컨설턴트, 작가, 강연가로 활동하고 있다. 오레곤주의 포틀랜드에서 가족과 함께 살고 있다.

역자

최정숙

이화여대 독문과 졸업. 시사영어사 편집국을 거쳐 서울 외신기자클럽 사무국장을 역임하였다. 로이터통신 온라인 선임기자로 근무하였으며 현재는 프리랜서 번역자로 활동하고 있다.

여성을 위한 최고의 비즈니스
네트워크 마케팅

초판 1쇄 발행 2001년 11월   1일
초판 2쇄 발행 2001년 11월 15일

지은이 안젤라 무어 · 리자 스트링펠로우
옮긴이 최정숙
펴낸이 성의현

펴낸곳 미래의창
출판등록 제 10-1962 (2000년 5월 3일)
주소 서울시 마포구 합정동 356-1
전화 (02)338-5175 팩스 (02)338-5140
이메일 miraebook@yahoo.com

ISBN 89-89353-13-0
값 8,500원

■ 펑키 비즈니스 (FUNKY BUSINESS)

1%에 도전하는 자가 성공한다!
불확실성의 시대, 우리는 '펑키 비즈니스'를 읽는다.

펑키 비즈니스는 전혀 새로운 것!

이제, 지식이야말로 진정한 힘이다. 모든 힘을 다 동원한다 하더라도 당신이
상대하는 녀석이 당신보다 똑똑하고, 재빠르고 욕구가 더 강하다면 당신은 이
겨낼 수 없을 것이다. 세상은 복싱 경기장이 아니다. 민첩한 경량급 선수가 언
제나 육중한 헤비급 선수를 이기게 되어 있다.

무엇이 오늘날의 빌 게이츠를 있게 했는가? 그것은 바로 복수다. 그의 눈에 대
고 모래를 던진 아이들, 축구 게임에 그를 끼워 주지 않았던 아이들, 그리고 무
도회에서 그와 춤추기를 거절했던 소녀들에 대한 그의 복수이다.

펑키 비즈니스는 마치 복권을 사는 것과 같다. 복권을 사는 사람의 떨어질 확
률은 99%이다. 그러나 사지 않은 사람은 100% 떨어진다. 성공을 위해 우리는
그 1%에 매달려야 한다.

미국, 영국, 독일을 비롯한 전세계 20여개국 동시 발행!

조직과 리더, 그리고 개인을 위한 "신경제" 처방전

국내외 언론이 격찬한
최고의
신경제 해설서

요나스 리더스트럴러, 첼 노오스트롬 지음

이진원 옮김

신국판 / 292쪽 / 10,000원

- 정보화 사회와 그 비즈니스를 형성하고 있는 수많은 트렌드를 적절한 예시를 통해 알기 쉽게 설명해 준 '신경제' 해설서. 온 가족에게 권하고 싶은 책 - 조선일보
- 전혀 새로운 것의 필요성을 역설한 펑키 비즈니스 - 동아일보
- 급변하는 세상에서 살아남기 위한 새로운 경영스타일을 제시 - 중앙일보
- 잉여의 시대에 맞는 신개념 경영서 - 한국경제신문
- 경제학 서적의 통념을 일거에 뒤집고 베스트셀러의 자리를 지키는 별난 경제학 책 - 한국일보
- 인터넷과 정보기술이 창조한 새로운 경제에 대해 '펑키'한 시각을 제시 - 파이낸셜 뉴스
- 새로운 세계질서에 대한 독특하면서도 유익한 '펑키' 시각을 제공해 주는 책 - 탐 피터즈
- 기업들에게 생존과 번영을 위한 새로운 규칙을 제시해 주고 있다. - 미국 / TIME
- 권위 있는 경제계 연사들, 로큰롤 펀치를 맞다. - 영국 / The Times

■ 미국 부모들이 말하는 홈스쿨링 우리는 이렇게 하고 있어요

메리 그리피스 지음 / 최승희 옮김

'세상'을 학교로,
'삶'을 배움으로 택한 사람들의 이야기

신국판 / 277쪽 / 8,500원

비록 여러분이 궁극적으로는 기존의 교육방식에 의존하기로 했다 하더라도 여기에 소개된 새로운 경험들을 읽고 교육과 여러분의 자녀, 그리고 그 자녀들이 세상을 살아가는 데 있어 도움을 줄 수 있는 방법 등에 대한 새로운 안목을 가지게 되기를 진정 바라 마지않는다.
- 지은이, 메리 그리피스

아이들에게 교육을 강요하지 말자. 교육, 아니 배움이란 특별한 것이라는 선입견을 버리자. 이 책은 진정한 교육은 아이로부터 시작한다는 평범한 진리를 다시 한 번 일깨워 주고 있다. 이 책을 읽는 것은 배움의 참뜻을 찾아가는 여행의 첫 걸음을 떼는 것과 같다. *- 옮긴이, 최승희*

저자가 말하듯이 배움에 어떤 특정한 공식은 없다. 또한 '홈스쿨링'이 모든 교육적 문제를 해결해 주는 마법의 상자도 되지 않을 것이다. 주입식 교육과 암기식 교육의 폐해를 경험하고도 자기 자녀에게 그 악순환을 되풀이시키는 한국의 부모들, 또 부모들에게 그 외에는 선택의 여지를 주지 않는 숨막히는 한국의 교육현실에서, 홈스쿨링을 하는 미국 부모들의 이야기가 배움의 참뜻을 둘러보는 여정이 되기를 바란다. *- 발행인*

자녀교육에 지친 한국의 엄마들을 향한 미국 홈스쿨러들의 메시지
"배움이란 우리가 숨쉬는 것과 같다. 그렇게 자연스러운 것이다."